缺什么别缺品牌

BRAND

阿牛◎著

抢占用户大脑的品牌落地法则

全彩图解版

金城出版社
GOLD WALL PRESS

图书在版编目(CIP)数据

缺什么别缺品牌 / 阿牛著. —北京：
金城出版社,2017.8

ISBN 978-7-5155-1511-3

Ⅰ. ①缺… Ⅱ. ①阿… Ⅲ. ①品牌-企业管理
Ⅳ. ①F273.2

中国版本图书馆 CIP 数据核字（2017）第 179416 号

缺什么别缺品牌

作　　者	阿　牛
责任编辑	李铁武
开　　本	710 毫米×1000 毫米　1/16
印　　张	18
字　　数	200 千字
版　　次	2017 年 9 月第 1 版　2017 年 9 月第 1 次印刷
印　　刷	大厂回族自治县德诚印务有限公司
书　　号	ISBN 978-7-5155-1511-3
定　　价	68.00 元

出版发行	金城出版社 北京市朝阳区利泽东二路 3 号　邮编:100102
发 行 部	(010)84254364
编 辑 部	(010)64391966
总 编 室	(010)64228516
网　　址	http://www.jccb.com.cn
电子邮箱	jinchengchuban@163.com
法律顾问	陈鹰律师事务所 (010)64970501

前言

FOREWORD

2017 年 3 月 1 日，资本寒冬的背景下，主打校园内自行车 B2C、C2C 的 ofo，获得了 4.5 亿美元的融资，创下了共享单车行业单笔融资的最高纪录。从 2015 年 10 月到 2017 年 3 月，不到两年 7 次融资，无论融资速度还是规模都令人惊讶。为什么 ofo 会这么火？原因很简单，ofo 在打造商业模式时将品牌塑造放在了首位。

ofo 品牌定位校园市场，以各大校园的师生为种子用户，原因有二：一是具备使用自行车的习惯；二是师生更容易接受新鲜事物。高校师生以一辆自行车的所有权换取了所有 ofo 共享单车的免费使用权，无车用户只需要押金及低廉的租车费用即可使用 ofo 共享单车，从宿舍到食堂，半小时内只需要几毛钱。

分众传媒 CEO 江南春曾说过：“品牌一旦找到正确的定位，就该抓住时间窗口进行饱和攻击。” ofo 的品牌定位已然明确，因此，它的下一步便是开展大面积的推广活动。

2015 年 6 月，ofo 官方微信号先后发布了两篇文章《我们有一个梦想：让北大人随时随地有车骑》和《这 2000 名北大人要干一票大的!》。两篇文章在大学生群体中产生了强烈的化学反应，后者点击量达到了 4 万多次。当时，北大学生的朋友圈几乎被 ofo 刷屏，ofo 的知名度进一步扩大。当月，ofo 就在北大校园增加了 600 辆自行车。

北大校园的成功，让 ofo 团队决定将之复制到全国。为此，ofo 开展了不少推广活动。

2016 年 12 月，ofo 与滴滴出行联手推出“百万红包回馈用户”的活动。用户可在 ofo 与滴滴各自的出行场景中获得对方的优惠券。活动的效果非常明显，其红包页面达到了日均 3000 万页面浏览量。2017 年的春节期间，ofo 还推出了 33 个城市百万单车免费骑的春节骑行活动。这些大规模的营销活动，让 ofo 跨出校园后在普通用户中建立了较强的品牌认知度。

不管是哪个品牌，打造品牌的方法都离不开核心的几点。

定位要准确。用户看到你的品牌时，第一时间能想到这个品牌是做什么的，与其他品牌的区隔是什么，是否能最精准地切中用户的痛点。比如“微信”这个品牌，一看就知道是关于互联网即时通信的一个社交品牌。

形象要明确。人的形象分内外，品牌也是一样。在外，通过颜色、图案、文字来确立自己的形象；在内，打造品牌的文化、精神、理念来提升气质。只有内外兼修的品牌才有可能成为一个好的品牌。就像“华为”这一品牌形象，不仅有着独特的品牌标志，更为重要的是，用户通过华为品牌看到了中国企业的日益强大和民族的崛起。

符号要清晰。超级品牌就是超级符号，如果企业打造了一个能让用户看到它就知道该怎么做的符号，也就代表你的品牌打造成功了。比如“星巴克咖啡”这一符号，传递的信息是知识与文化。很多人看到星巴克的 LOGO，想到的不仅是品尝一杯纯正的咖啡，更是将自己浸泡在知识与文化的内涵中。

推广要引爆。企业可以通过讲故事的方式，通过给用户提供极致体验，通过好的文案策划，通过各种各样的营销手段进行传播推广，最后达到引爆流行的效果。品牌一旦能够引爆流行，那么品牌的打造也就成功了。如褚橙通过褚时健的励志故事而爆红，“一直播”通过明星加粉丝效应后来居上等。

品牌打造的重要性不言而喻。没有品牌，用户就不知道企业生产了什么产品；没有品牌，用户就不会认准企业的产品，并一直追随。比如用户需要安装一个杀毒软件，如果 360 安全卫士品牌打造得不成功，用户可以随便安装一个杀毒软件：电脑管家或者毒霸，360 安全卫士无法成为用户的首选，自然得不到现在的安装量，那么 360 企业的一切战略规划和发展也就无从谈起。

所以说，做企业就是做品牌，企业缺什么也不能缺品牌。如果不懂得打造品牌，企业的规划与目标不过是镜花水月、空中楼阁。

目 录
CONTENTS

CHAPTER 1 定位明确：我就是我，不一样的烟火

"品牌"的英文单词为BRAND，最初的意思是"在牛屁股上烙个印"，为了区别JULY家的牛还是LYNN家的牛。所以，品牌从诞生那天开始，就代表着区隔，需要通过定位在用户心中留下"我就是我，不是别人家的那个'烟火'"。

CHAPTER 2 形象打造：吸引用户的眼睛，进入用户的大脑

一个成功的品牌形象的塑造，不仅是一种外观设计，还是品牌文化内涵的体现，更是一种视觉与感觉的入侵，能迅速吸引用户的眼睛，进入用户的大脑，没有商量和余地。

CHAPTER 3 符号构建：人人都看得懂，人人都听它话

符号是最简单、最直接的传播方式，帮助用户识别品牌，节省品牌沟通成本。比如万宝路的符号是西部牛仔，代表的是自由精神。NIKE 的符号是“对钩”，代表的是叛逆心……用户通过符号识别品牌，理会含义，再根据符号的指令行事。

CHAPTER 4 故事营销：传递品牌的好声音

一个会讲故事的品牌，是一个思维活跃的品牌、一个有趣的品牌、一个热爱生活懂情趣的品牌。优秀的品牌往往都是讲故事的高手，品牌通过故事向用户传递品牌文化，影响用户的判断与选择。

CHAPTER 5 极致体验：从产品到服务，精心设计用户感受

品牌的服务对象是用户，要赢得用户的心，就要把产品做到极致，把服务做到极致，给用户留下这个品牌的产品与服务体验特别好的正面印象。用户对品牌体验的评价，会直接影响到品牌的生死。所以，关心用户的感受、关注品牌的体验，是企业打造品牌工作中的重中之重。

CHAPTER 6 文案策划：别在几秒钟里自顾自狂欢

也许你经常会疑惑，你的文案很有文采，但为什么就是没有传播效果呢？其实很简单，很多文案作者只考虑自己的喜好，而没有顾及用户的需求；只沉浸在自我的陶醉里，疏忽了用户的痛点。真正的文案绝不是一个人的自嗨，而是大众的狂欢。

CHAPTER 7 传播推广：打造感染力，让品牌疯传

酒香不怕巷子深？NO！现在是一个酒香也怕巷子深的时代。再优质的品牌，如果没有传播推广，也是藏在深山人不识，不能转化为销量与效益，产生不了任何价值。所以，真正的好品牌还有一个定义，就是要家喻户晓，要大家都能识别它、接受它、选择它，而这，就需要传播和推广。

CHAPTER 8 引爆流行：撬对节点，让世界因品牌而动

什么样的品牌才能算是成功？有人说是“引爆一种现象，让其成为流行”。那么，如何才能做到这一点呢？品牌需要找到节点，譬如关键人物、附着力因素、主流人群、口碑与共振都是引爆流行的节点。找到了这些节点，品牌自然能“引爆一种现象，并成为流行”。

CHAPTER 9

案例解析：看看各行业的品牌打造之道

每天都有新的品牌诞生，也有旧的品牌消亡。万千个品牌里，能称为超级品牌的少之又少。在同质化现象越来越严重的品牌世界里，如何迅速打造一个具有长久生命力的品牌呢？我们很有必要看看那些知名品牌的塑造之路。

CHAPTER 1

定位明确：我就是我，不一样的烟火

1.1 定位，就是先进入用户心智

什么是品牌定位？百度百科上有如此解释：“品牌定位是指企业在市场定位与产品定位的基础上，对特定的品牌在文化取向及个性差异上的商业决策，它是建立一个与目标市场有关的品牌形象的过程和结果。”

也就是说，每个品牌都需要一个合适的市场位置，让品牌在用户中占领一个特殊的位置，当用户产生需要时，第一时间想到的品牌名称。

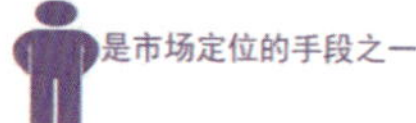

图 1-1　品牌定位的三大意义

1.1.1 品牌定位的意义

为什么各个企业不管做什么，打造什么样的品牌，都在强调定位的重要性？其意义（见图 1-1）。

1. 有利于潜在用户记住品牌所传达的信息

现代社会是信息社会，人们每天都要接受成千上万的信息，各种消息、资料、新闻、广告铺天盖地而来，用户被信息围困，早已应接不暇。

有人做过计算，一本 50 万字的刊物，以平均每分钟读 300 字的速度来计算，全部看完需要 30 小时。如果仔细阅读，需要更长时间。更何况，现代社会的媒体工具种类繁多，电视、杂志、互联网上的信息铺天盖地，更新快速，人们需要接收的信息会更多。如此多的品牌、如此多的媒体、如此多的信息，用户无所适从是肯定的。这就是许多企业的宣传没有效果的原因。

科学家发现，人只能接受有限量的感觉。超过某一个点，脑子就会一片空白，拒绝从事正常的功能。因此，品牌如果想要被用户记住，只有压缩信息，实施定位，为自己的品牌塑造一个能打动潜在用户心理的形象。

正确的品牌定位可以让潜在用户对品牌产生正确的认识，进而产生偏好，它是品牌信息成功通向潜在用户心智的一条捷径。

2. 是建立品牌形象提高价值的行为

品牌定位，是企业建立品牌形象、提高品牌价值的行为，是要建立一个与目标市场相关的品牌形象的过程与结果。品牌定位实施的理论基础如下（见图 1-2）：

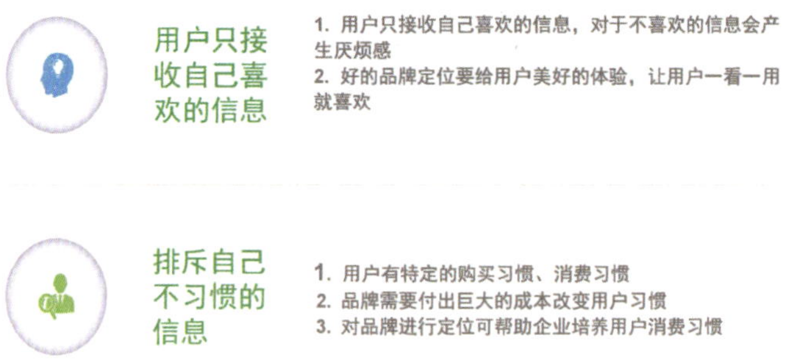

用户只接收自己喜欢的信息

1. 用户只接收自己喜欢的信息，对于不喜欢的信息会产生厌烦感
2. 好的品牌定位要给用户美好的体验，让用户一看一用就喜欢

排斥自己不习惯的信息

1. 用户有特定的购买习惯、消费习惯
2. 品牌需要付出巨大的成本改变用户习惯
3. 对品牌进行定位可帮助企业培养用户消费习惯

图 1-2　品牌定位实施的理论基础

3. 是市场定位的手段之一

任何品牌都不可能为市场上的所有用户提供所有的产品或服务，因此只能根据自己的具体情况选择具备优势的市场。品牌定位是市场定位的核心，是帮助企业确定哪个市场最有吸引力，得到最高回报的手段之一。

1.1.2 品牌定位的原则

不管是什么品牌，采取什么样的方式定位，都需要遵守的原则（见图 1-3）。

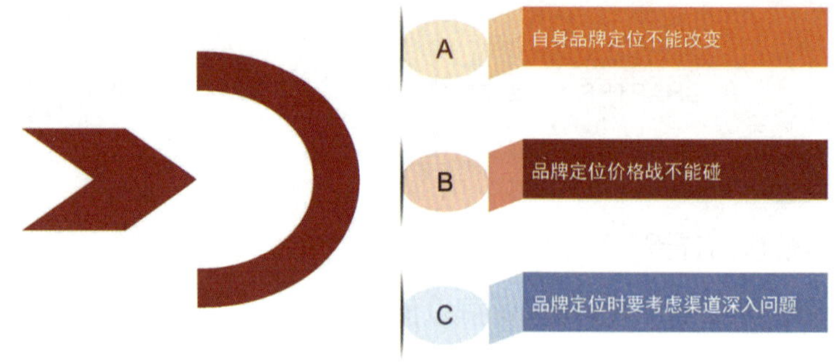

图 1–3　品牌定位需遵守的三大原则

1. 自身品牌定位不能改变

对于一个企业来说，品牌定位最重要的是不因外界的影响而轻易改变。很多企业在非常时期都做出了关于定位的致命调整。要知道，不管在什么时期、什么环境下，品牌所营造的氛围与信任都是用户愿意购买某个产品的重要前提。定位改变了，也就意味已营造好的用户信任城墙崩塌了，品牌要想重新获取用户的信任，就需要重新付出代价。如果你没有这种实力，就不要轻易尝试；如果企业可以承担重新定位的成本，那么在不影响品牌发展的情况才可以改变品牌的定位。

2. 品牌定位价格战不能碰

在市场竞争激烈时，很多企业通过频繁的降价来应对竞争危机。但是，在很多时候，随着产品价格的降低，用户对品牌定位的认知也会降低，让用户丧失了对品牌本身的兴趣。

3. 品牌定位时要考虑渠道深入问题

渠道对于品牌的战略作用是很明显的，对于某些品牌来说已经重要到“没有渠道就没有品牌”的程度，渠道始终是品牌得以接触用户的关键。

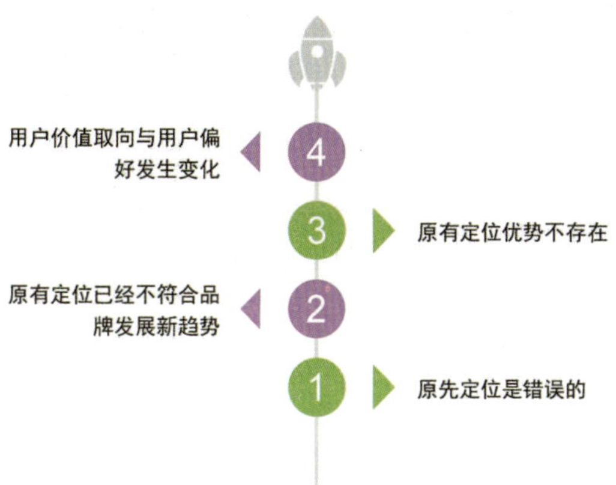

图 1–4　品牌需要重新定位的四大原因

所以品牌定位时，必须考虑到渠道覆盖的问题。

总而言之，不管品牌定位的意义还包括了什么，其目的都是为了进入用户的心智；不管品牌定位需遵守的原则是什么，最后的目的也是为了进入用户的心智。

1.2 推翻旧定位，重构用户观念

重新定位是指品牌对已在用户心目中确定了的某种形象进行重新定位，以改变用户原有的认知，争取有利的市场地位的活动。

1.2.1 重新定位的内容

重新定位对于品牌适应市场环境，调整市场营销战略是必不可少的一部分。品牌定位有其企业本身的原因，也有来自外部环境的原因（见图 1-4）。

1. 原先定位是错误的

品牌在进入市场后，如果市场对品牌的反映冷淡，品牌产品的销售情况与预测有很大的差距。此时，品牌就应该对市场进行分析，对自身进行诊断。如果是因为品牌定位错误所致，就需要对品牌进行重新定位。

譬如当年被称作视频行业三杰之一的酷 6，到后期被其他视频网站远远甩在后面，就是因为定位的失误。酷 6 新 CEO 公开表示："酷 6 从此不再购买长视频版权，包括电影和电视剧，将关注社区化、UGC（用户原创内容）和短视频。"然而，视频网站的发展没有长视频版权，肯定是与行业趋势不符，与用户需求不符。最为重要的是，酷 6 原本是有长视频版权的，突然发生改变，用户肯定不适应，而酷 6 也未对此次的定位做出巨大的产品调整。结果是酷 6 一直不温不火，直到现在酷 6 仍未对自己的品牌发展战略进行重新定位。因此，冷淡的市场反应势必持续下去。

2. 原有定位已经不符合品牌发展新趋势

在品牌的发展过程中，原有定位可能会成为制约因素，对品牌开拓新市场产生阻碍。或是由于外界环境的变化，品牌有可能获得新的市场机会，但原来的定位与外界难以融合，因此品牌基于发展与扩张的目的，需要调整和改变原来的定位。

如我国的黄酒品牌古越龙山，原先的品牌定位是针对中老年人，品牌诉求定位偏重传统文化的表现上。但现在是新一代用户的天下，要获得这一类用户的需求，必然要改变品牌定位。现在，古越龙山的品牌定位是

“做酒如做人”（见图 1–5）。重新定位后，古越龙山的目标用户不只有中老阶层，还吸引了不少年轻消费者，其销售量也得到了极大的提升。

图 1–5　古越龙山品牌定位

3. 原有定位优势不存在

随着时代的演变，企业在竞争中，品牌原有的优势可能会丧失，而建立在此优势上的定位可能会削弱品牌的市场竞争力。此时，品牌往往会成为竞争对手攻击的对象。如果品牌定位此时还不发生改变，那么就会处于被动位置，最终丧失市场。

比如苏宁，苏宁原先的定位就是传统零售企业，随着互联网的到来，传统零售企业不断受到攻击，苏宁作为电器零售企业中的佼佼者，自然是首当其冲。为了适应发展的需要，避免因不断受到互联网的冲击而让企业产生破产危机，苏宁改变了自己的品牌定位——互联网零售企业（见图 1–6）。显然，苏宁的重新定位非常成功，现在苏宁易购在电器电商行业的发展非常迅猛，线上的发展再加上线下的门店优势，让苏宁一扭之前亏损的局面。

图 1–6　苏宁易购网站网页

4. 用户价值取向与用户偏好发生变化

这是最为常见的一种现象，品牌原先的定位是正确的，但是因为目标用户的价值观与品牌偏好发生了改变，原先的品牌定位已经不能满足他们。在这种情况下，品牌就需要进行重新定位。

例如唯品会，原先唯品会的品牌定位是专门做海外品牌折扣，但是因为目标用户的需求发生了改变，他们不只喜爱国外品牌，对国内品牌的喜爱也日渐加深。为了符合用户的需要，唯品会改变了原先只做海外品牌的定位，引进了大批的中国品牌（见图 1–7）。

1.2.2 权衡品牌重新定位的利弊

在对品牌进行重新定位之前，企业必须进行全面的权衡，评估是弊大于利，还是利大于弊，主要从以下三个方面考虑。

1. 新定位需要足够的资金投入

前文说过，品牌重新定位的代价是非常昂贵的，如调研费用、推广费

图 1-7　唯品会各大国内外品牌

用都是一笔不小的投入。一般来说，新定位与原来定位的差距越大，所需的成本就越高。重新定位的成本一般都会超过第一次定位，因为企业要加大传播的力度，消除用户的固有印象，同时让新的品牌定位获得用户的认同。此时，是否有足够的资金，就成为企业是否能执行重新定位的关键因素。

2. 对影响品牌重新定位获得收益的因素进行调查分析

在进行重新定位前，品牌需要对目标市场上的用户数量、用户的平均购买力、竞争者的数量与实力等因素进行调查和分析。因为这些都是影响品牌重新定位后能够获得多少利润的主要因素。

3. 新定位面临的困难与风险

品牌在重新定位的过程当中，面临的主要困难与风险（见图 1-8）。

1.2.3 品牌重新定位的技巧

品牌在进行重新定位时，需要掌握一定的技巧，企业可以按照以下几个方面的技巧进行定位（见图 1-9）。

企业内部难以达成共识，重新定位需要全体员工齐心协力、分工合作、共担风险才能完成。否则，会阻碍重新定位的执行

新定位无法得到用户认同，如果曾经的定位很成功，用户已喜欢、认同、习惯它，则新定位可能不会被用户接受，甚至招致反感

评估重新定位的风险与困难，确保自己有能力完成，才可执行下一步的决策和执行工作

图 1–8 重新定位可能面临的困难和风险

1. 查明需重新定位的原因

品牌重新定位有很多原因造成，企业需要重新了解市场，从品牌的销售情况、品牌所处行业的竞争情况、用户的消费观念变化、品牌的发展目

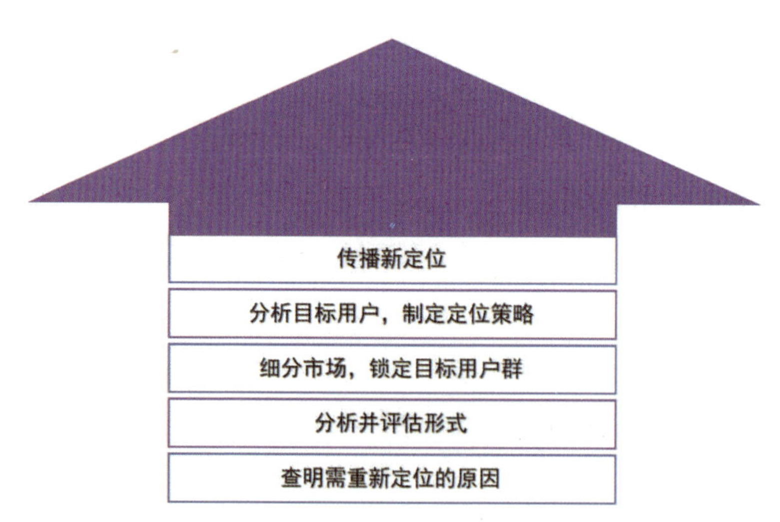

图 1–9 重新实施定位的技巧

用户对品牌的认识和评价

用户选择产品时的影响元素和序列

用户认知产品的心理价位

用户认知产品渠道及其重要性的排序

用户对同类产品的认识和评价

图 1–10　用户调查内容

标等角度进行分析，找出到底是什么原因导致了品牌需要重新定位。

2. 分析并评估形式

确定企业对品牌进行重新定位的原因之后，必须评估品牌当前的形势。评估依据一般来自对用户的调查，主要内容（见图 1–10）。然后，根据调研结果对现有形式做出总体评估。

3. 细分市场，锁定目标用户群

对市场进行细分有不同的方法与标准，任何品牌都有它的目标用户群体。因此，企业应该根据用户特点，把市场划分为不同类型的用户群体，每个用户群体是一个细分市场。重新定位品牌时应该了解自己要针对哪个细分市场，根据调研所得结果，锁定目标用户群。

4. 分析目标用户，制定定位策略

在确定了目标用户后，企业还必须对目标用户群做进一步分析，对他

们的生活方式、价值观念、消费观念、审美观念等进行深入的定位调查，以保证新定位的准确性。新的品牌定位需要制订几个不同的方案，一一测试后，根据目标用户的反应来确定最佳方案。

5. 传播新的定位

确定了新定位后，企业就要为品牌制订新的营销方案，将品牌定位的新信息传递给用户，并不断进行巩固和强化，让新的品牌定位信息深入用户心智，重构用户的观念，取代固有定位。

总之，品牌重新定位与原先定位是两个截然不同的概念，它并不是原有定位的简单重复，而是品牌在经过市场的淬炼之后，对自己、对市场的重新认识。

1.3 用 USP 原理，打造独特的销售主张

USP 是指独特的销售主张或是独特的卖点，找出品牌独具的特点，然后以足够强大的声音传播出去，并且在用户面前反复强调。简单地说，就是品牌向目标用户表达一个主张时，必须让对方明白，购买自己的产品可以获得什么样的具体利益。

1.3.1 USP 达彼思模型

达彼思模型指的是品牌轮盘，其构造是由层层的同心圆组成，最中心

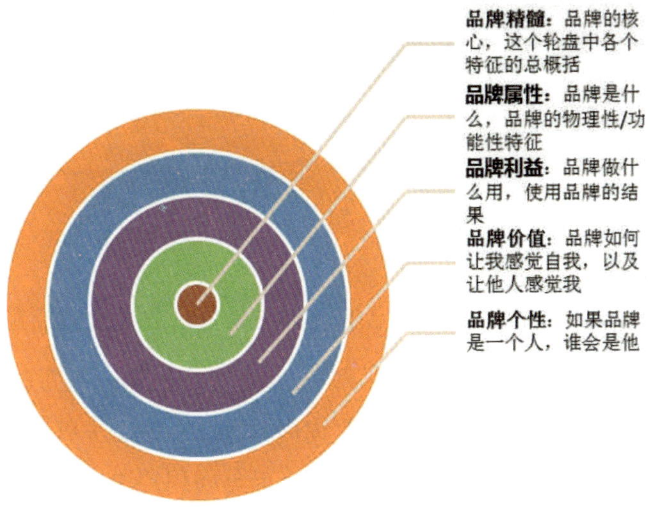

图 1–11 达彼思模型

的点就是品牌核心，而在打造品牌核心定位之前，需要一圈一圈由外而内进行抽丝剥茧地分析检查，寻找更多的品牌定位可能性。

1. 达彼思模型的归纳

达彼思模型对品牌层次做了由表及里的归纳（见图 1–11）。

2. 达彼思模型的两个重点要素

在归纳达彼思模型的内容要点时，企业要掌握两个重点：一是关联性。它们彼此间是互相关联且环环相扣的，有什么样的品牌定位就会带出什么样的品牌利益与品牌价值。二是区隔度。在推敲每个要素时，需要考虑现在所想的点和竞争品牌之间的区隔度。如果品牌的特质与利益与竞争品牌的区隔度不够，就要从品牌价值与品牌个性去寻找。

1.3.2 USP 的突出特征

在罗瑟·瑞夫斯看来，一个品牌的定位是否具备了 USP，就看其是否拥有了以下三个特征。

第一，每一个品牌都必须向用户提出某种主张，不是对自身品牌的自吹自擂，也不是对用户眼花缭乱的炫耀，而是向用户说："使用这个品牌的产品，你将获得如此这般的好处。"

第二，该主张必须是竞争品牌没有提出来或是无法提出来的。也就是它必须独特且具有唯一性。

第三，该主张必须是强而有力的，能够吸引海量的用户并让其采取行动。简而言之，就是这个销售主张能为你的品牌带来用户。

1.3.3 构建自己的独特 USP

为自己构建独特的 USP 的可能性是无限的，那么，如何才能显示出品牌销售主张的独特性呢？企业可以参照以下几种方式进行。

1. 最低的价格

许多品牌试图通过将自己定位为"低价领袖"而获得成功。例如沃尔玛，在 1955 年，它还是一个籍籍无名的小零售商，但到了 2002 年，已经跃升《财富》500 强榜首。它的成功秘诀就是将自己的品牌定位为"物美价廉"，走薄利多销的销售路线。但是，这种方法并不是所有品牌都合适。除非你能在生产成本或运营成本上远远超过其他品牌，否则这样的销售主张是无法应用到实际中的。

在这一点上，小米手机就做得非常好。它的品牌销售定位也是"物美

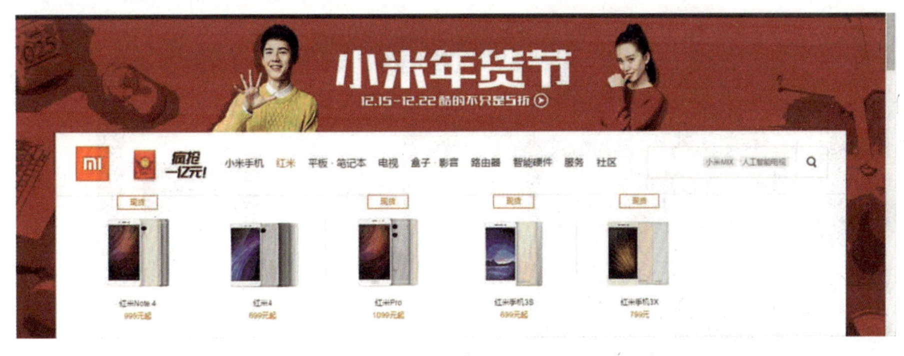

图 1–12　小米部分手机价格

价廉”，也就是性价比高（见图 1–12）。小米几百元的手机并不比其他品牌的千元手机差，而这种独特的销售主张，让其一度成为中国第一手机品牌。小米能够将“高性价比”这个销售主张作为自己的品牌定位，并获得成功，正是它具备了生产成本和运营成本上的优势。

2. 最高的质量

拥有最高的质量也是品牌的一个卖点，但关键点是，不要只对用户说你的产品有最高的质量，还要告诉他们自己的产品会对他们的生活造成什么样的影响，在使用自己的产品之后，他们的感受将会发生什么样的变化，他们的需求是否被满足了。

苹果的品牌定位显然是使用了 USP 原理，它成功地将最高质量作为自己品牌的独特销售主张。从现实情况来看，苹果确实做到了。以苹果手机为例，苹果手机的出现颠覆了人们对手机的看法。这一点，并不是苹果手机告诉用户的，而是用户自己体验出来的。有了苹果智能手机才开启了现在的智能生活时代，在手机上就可以实现办公、学习、娱乐等。当然，这只是体验的一方面，苹果手机给用户带来的极致体验感，才是苹果至今屹立不倒的原因。所以，不管苹果手机更新了几代，它向用户传递的品牌概念一直都包括“最高的质量”，也就是“极致的体验”（见图 1–13）。

图 1-13　苹果手机部分智能功能

3. 独家提供者

品牌要成为用户某种欲望和需求的独家满足者，用户从其他品牌身上绝对得不到这种满足感，即使有，也达不到你的品牌所提供的满足感的程度。

这一点海底捞就做到了。在中国，有几千万家火锅店，为什么海底捞会成为其中最受瞩目的火锅品牌？原因很简单，它提供了用户在其他火锅店里无法体验的满足感。除了口味和食材之外，就是海底捞的服务。虽然有些火锅店的服务不错，但是依然无法达到海底捞的满意度。也有很多火锅店模仿海底捞，但往往是“画虎不成反类犬”，其原因就是海底捞一直在创新，一直在想用户还有什么服务需求我们还未满足，不断去挖掘，不断去满足。而这些模仿者会的只有模仿（见图 1-14）。

4. 最广泛的选择

最广泛的选择，其实就是指品牌涵盖了很多产品，用户不管需要什么样的产品都能从你的品牌处获得满足。

这一点最为典型的淘宝，用户想要什么东西几乎都能在淘宝上找到

海底捞张勇 让创意和创新像自来水一样流淌(1)

中华网 - 3天前

1文 张勇 海底捞董事长来源君联资本CEOClub 海底捞的创新大概分成两类,第一是流程和制度类创新,第二是业务类创新,我们对这两类创新分别给予不同的激励方式

edu.china.com/examine/mba/mbanews/90... - 百度快照

海底捞_亿欧_产业创新服务平台

亿欧网 - 8天前

海底捞底料商颐海成功在港交所上市 亿欧7月13日消息,海底捞底料独家供应商颐海(中国)食品有限公司正式宣布在港交所上市。据悉,颐海从2013年到2015年,近半...

www.iyiou.com/t/haidi... - 百度快照

海底捞张勇 让大家的创意和创新像自来水一样流淌

36kr - 19天前

对于这个员工来讲,就是对海底捞服务工作做了一个创新。为什么他能够这样做呢?我刚才讲的人文主义的关怀是非常重要的,在一个企业里面,除了公平公正的升迁体系,人文...

36kr.com/p/50581...html - 百度快照

图 1–14　互联网对于海底捞创新精神的报道

(见图 1–15)。衣服鞋袜不用说,用户想旅游,淘宝旅游可以满足它,用户想众筹,淘宝众筹可以满足它,用户想购买世界各地的产品,海淘可以满足它。总而言之,淘宝这个品牌之所以成为电商品牌的代表,就是因为它将自身的品牌定位为“给用户最广泛的选择”。

图 1–15　淘宝涵盖的产品品类

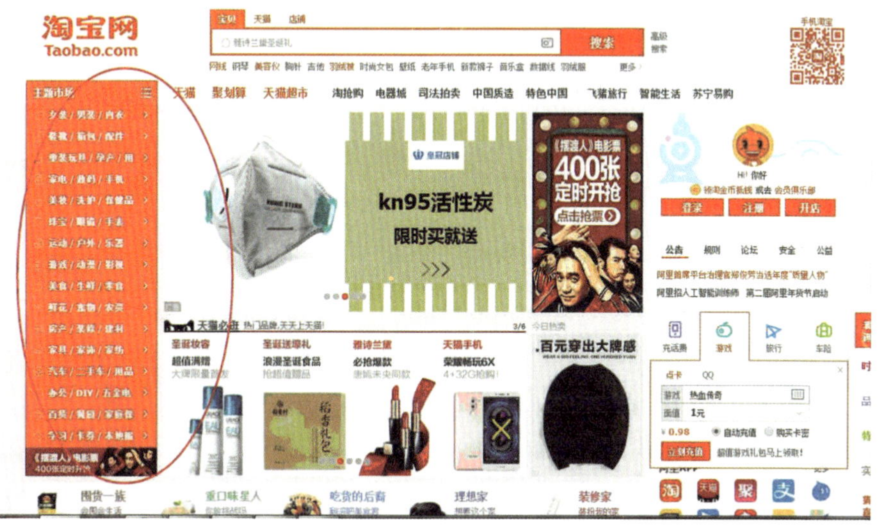

5. 最好的保障

让你的用户认识到你的保障是无条件的，让他们了解到购买自己品牌的产品永远不会吃亏。能做到这一点，用户自然就会放心购买你的产品。

在这一点上，国美电器就做得非常出色。它在国美在线上打出了“不满意就退还”的口号，如果不是质量问题，一般的品牌是不会退换货物的。但国美却郑重向用户承诺，只要用户对购买的产品不满意，哪怕是颜色不满意，7 天之内包退，30 天之内包换（见图 1–16）。

国美在线自营商品退换货总则

国美在线承诺自商品妥投日期起7日内可退货，15日内可换货，客户可自助提交退换货申请或与国美在线客服取得联系协助您办理退换货事宜。

退换类别	具体描述	是否支持7天（含）内退货	是否支持15天（含）内换货	是否收取返回运费	备注
国家法律所规定的功能性故障或商品质量问题	经由生产厂家指定或特约售后服务中心检测确认，并出具检测报告或经国美在线客服确认属于商品质量问题	是	是	否	/
到货物流损、缺件或商品描述与网站不符等国美在线原因	物流损指在运输过程中造成的损坏、漏液、破碎、性能故障，经售后人员核查情况属实。缺件指商品原装配件缺失	是	否	否	国美审核期间可能需要快递人员证明或要求您提供实物照片等，以便售后人员快速做出判断并及时处理
无理由退货	除以上两种原因之外，如个人原因导致的退货，在商品完好的前提下	是	否	是	由您承担商品返回国美的运费

注：实际收货日期判断规则如下

1、国美快递配送或者自提的订单：以客户实际签收日期为准；

2、非国美配送的订单，按照第三方物流平台显示的实际到货次日0点起为准。如果第三方合作伙伴不能有效返回签收日期，则国美客服根据距离等因素和客户人工确认实际到货日期。

图 1–16　国美在线自营商店退换货总则

1.3.4 USP 的提炼与运用

USP 给品牌带来的效果毋庸置疑，但是销售主张这么多，品牌该如何提炼出专属于自己的独特销售主张呢？

1. 不是所有的品牌都需要 USP

很多企业认为既然 USP 这么好，那么我也一定要打造自己的 USP。其实，这是一种错误的想法。世界上没有任何一个品牌能满足用户的全部需求，USP 也是一样，它不是万灵丹。

USP 的提炼不是拍拍脑袋就能完成，其涉及的工作与成本都非常庞大。因此，在提炼 USP 之前，先确定自己是否非到提炼 USP 的地步。

市场事实与理论证明：USP 提炼是建立在买方市场特征的竞争基础上的。如果卖方市场的产品供不应求，就无需进行 USP 的提炼。

2. 认识 USP 的本质，找到掌控方向

USP 的特点是找出该品牌的与众不同之处，也就是独特的卖点。USP 的提炼，目的是吸引目标用户群的关注，进入用户的心智，让用户在有需要时第一时间想到自己的品牌。因此，USP 无需太多的主张，只要找到够感性、够锐利、够坚持的一点即可。前提是找到自己的品牌支撑点。它来自于品牌的竞争定位，是竞争定位的市场外在表现，是对品牌所具有的与竞争品牌不同的优势选择。故而，USP 的提炼方法和出路，就是对比竞争品牌而发生的优势，进行市场外在表现方向的选择、塑造与提炼。

3. 先确定营销决策，再提炼 USP

USP 的提炼需要严格的规划和推导，因此，USP 提炼前期，企业必须先确定品牌的基本营销决策。品牌的基本营销决策确定，也就是把哪一个细分市场作为品牌的目标市场，这个市场中的用户特征是什么，以及在这个市场中企业所可能面临的竞争对手。

4. 六条 USP 提炼路径，选择最合适自己的

从何路径去挖掘有效的 USP，品牌可以从以下六条路径选择出自己最合适的（见图 1–17）。

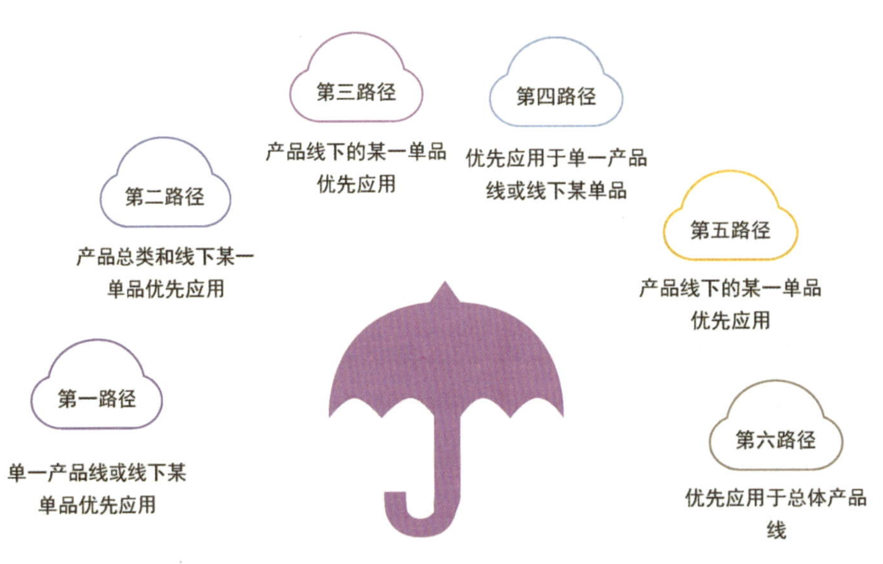

图 1–17　USP 提炼的六条路径

5. USP 提炼的技巧

USP 提炼是一门技术活，在其过程中需要不断识别、鉴定、证实、分离、评估可能会对 USP 提炼造成影响的因素。为保证提炼出来的 USP 更加有效，品牌可以运用以下几种技巧作为辅助手段（见图 1–18）。

图 1–18　USP 提炼 6 种技巧

USP 提炼可以让品牌最快到达目标市场，在第一时间内进入用户的心智，从而让品牌在用户心中留下独特的印象。因此，企业在打造品牌定位时，在根据自身情况适合的情况下，可以利用 USP 作为自己的有效品牌定位手段。

1.4 比附定位法，借竞争者之势

比附定位法，是指通过与竞争品牌的对比来确定自身市场地位的一种定位策略。其实质就是借势定位与反应式定位。借竞争者之势，来衬托自己。也就是说，企业通过各种手段与同行业中的知名品牌形成一种内在联系，让自己的品牌能够迅速进入用户心智，占领一个牢固的位置，也就是借名牌的光芒而让自己的品牌发光发亮。

使用比附定位法进行品牌定位，参照对象的选择非常关键。只有与知名度、美誉度高的品牌进行比较，才能达到借对方的势，抬高自己身价的目的。

1.4.1 比附定位法的意义

比附定位法的意义主要表现在以下三个方面：

1. 有利于品牌的迅速成长，适合品牌成长初期

一个新品牌如何才能用最小的成本，最快的速度被用户所熟知？大打广告？很多企业采用了这种方法，但其中所需要的广告费用不是一般的企业能够承受得起的。口碑积累？用户都不知道你，如何进行口碑积累？即使要进行口碑传播，也需要花大成本在互联网上进行推广，而且需要的时间成本更多。所以，利用比附定位法，借竞争者之势，来提高自己的知名度是最好的方式之一。

比如乐视手机在推出时，就采用了这种办法。乐视把自己的手机品牌定位为“杀手级的生态手机”，在发布会上放话说“秒杀苹果，干掉小米5”。乐视是以视频网站起家的，用户对它的品牌认知就是视频，从来没有听说它出过什么手机。因此，对于用户来说，不知道乐视手机这个品牌，其次即使知道，也对它的品质抱以怀疑。为了迅速提高自己的知名度，快速进入用户的心智。乐视采取了比附定位法，与苹果和小米做比较，利用两大知名手机品牌的光芒提升自己的名气，而且既然说要超越苹果与小米，那么在用户心中肯定就能留下质量不错的印象。某些用户还会因为抱着“是否能秒杀苹果，干掉小米”的证明态度去购买乐视手机。

事实结果证明，乐视手机采用的比附定位法非常成功。2016 年 1 月 29 日，国内知名研究机构赛诺公布了 2015 年 12 月份中国移动市场 EBP 市场月度分析报告。报告显示，乐视超级手机以 9.3%的市场份额，居线上市场销量排名前三，超越苹果、华为、魅族、三星等老牌实力厂商。2015 年，乐视全年销量突破 400 万部，超额 100 万部完成年度销量目标。今年 1 月 21 日，乐视超级手机销量突破 500 万部，创造新晋品牌最快破 500 万部纪录。

2. 有利于避免受到攻击，防止失败

比附定位法的另一大作用就是避免受到攻击，防止失败。在新品创立之初，肯定会受到其他品牌的抵制，一旦受到实力强劲品牌的压制，新品牌是很难打开市场的。但是比附定位法的最成功运营不是向乐视那样要干掉谁谁、秒杀谁谁，而是与对方平起平坐，把自己放到第一阵营中，而不是说要超越他们。

比附定位法其实就是另一种形式捆绑营销，免费为对方做了广告，提高对方的曝光度，双方共赢。

蒙牛在这一点就做得非常好，蒙牛在品牌成立之初，就采取了比附定位法，但是它并没有说要超越伊利、草原兴发，而是与它们平起平坐。在品牌的推广宣传开始，就与伊利联系在一起。如蒙牛的一块广告牌子“做内蒙古的第二品牌”（见图 1–19）；宣传册上闪耀着“千里草原腾起伊利集团、蒙牛乳业……我们为内蒙古喝彩”；在冰淇淋的包装上也写着“为民族工业争气，向伊利学习”的广告语。

图 1–19　蒙牛的广告宣传语

蒙牛这样与伊利平起平坐，甚至放低了自己位置的比附定位方法，效果非常好，即达到了利用对方名气宣传自己品牌的效果，又不会引起伊利的忌惮。毕竟蒙牛刚启动市场时只有 1300 万元资金，如果豪言说干掉伊利，恐怕不久就会被伊利干掉。

1.4.2 比附定位的形式

比附定位法的形式主要有三种，分别是“老二哲学”、攀龙附凤、进入高级阵营。

1. “老二哲学”

是指品牌明确承认同类产品中另有最负盛名的品牌，自己只不过是第二而已。采用这种形式可以让用户对品牌产生一种谦虚诚恳的印象，相信品牌所说的是真实可靠的，说自己是第一品牌，只会让用户觉得你狂妄自大，爱吹牛，留下“产品肯定也是过分夸大”的不良印象。

美国阿维斯汽车公司的定位就是“我们是老二，我们要进一步努力”，这样的定位让其品牌知名度得到了极大的提升，并赢得了更多忠实的客户。蒙牛采取的也是同样的比附形式。

2. 攀龙附凤

是指首先承认同类产品中已经有第一品牌，自己确实不如对方，但是在某一地区某一方面还是可以与对方并驾齐驱、平分秋色的。这样做即不会让用户感受自己狂妄自大，也不会引起对手的忌惮，更能凸显自己的优势。

就像小米手机，小米手机从来不狂言说要超越苹果手机，但是它却表达了自己在性价比上绝对比苹果好，在国产手机中也是无可匹敌的。不与苹果比体验，只与苹果比性价比，比地区。

3. 进入高级阵营

品牌如果不能攀附其他品牌，那么可以利用模糊数学的手法，借助群体声望，把自己归纳到高级俱乐部式的品牌群体中，强调自己是该群体中的一员，从而提高品牌的形象与地位。

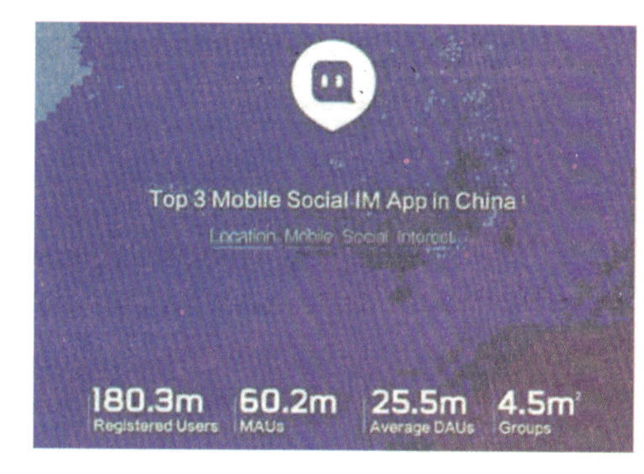

图 1–20 陌陌的上市计划书内容

陌陌在做上市宣传时，就把自己列入了移动端社交媒体的第三名（见图 1–20）。它没有与微信和 QQ 做比较，只是强调了自己属于移动端社交媒体的第三名，把自己归纳到社交媒体的第一行列，从而让投资者拥有了陌陌既然能排在QQ和微信之后，想必用户量和盈利也很高的心理印象。

比附定位法，很多品牌都使用过，而且效果非常不错。但是，一定要注意其中的尺度。不要过多夸张，以及恶意渲染。

1.5 首席定位，强调第一强化认知

首席定位即强调品牌在同行业或同类中的领导性、专业性地位。企业可以通过宣扬品牌的独特性，让其他的竞争品牌不能采用相同的定位策略。比如有些家电品牌宣传自己节电、安静等。

1.5.1 首席定位的意义

首席定位既然能成为企业最常用的定位方法之一，自然有其独特的价值性，其主要体现在以下几个方面。

1. 利用人们对第一印象最深刻的心理规律

如今是信息时代，用户是生活在信息爆炸的社会中，每天都要接收成千上万条信息。但是用户对大部分的信息都是没有记忆的，他们只对高知名度、排名第一的的人物、事件、品牌有较为深刻的记忆。就像人们只记得奥运冠军是谁，但是亚军和季军是谁，就毫无印象了。之所以会发生这种情况，是因为人们对第一印象有着最深刻的记忆，而首席定位就是根据

这点产生的。

2. 首席定位可以帮组品牌拉开销量差距

根据调查，一般用户只能想到同类产品中的七个品牌，而名列第二的品牌销量往往只是名列第一的品牌的一半。这就是首席定位的作用，它能够让用户在短时间内记住该品牌，然后在有此类需求时，成为用户的第一选择。

1.5.2 首席定位的运用技巧

首席定位的价值性毋庸置疑，但是并不是每个品牌都能够驾驭它。要想驾驭它，一些技巧是必须要掌握的。

1. 只有规模巨大、实力雄厚的企业适用

在每个行业，每个类别里，第一只有一个，而厂商、品牌却多不胜数，并不是所有的品牌都能够采用首席定位法。试想一下，一个类别的产品，却有几十个品牌说“我销量第一，我品质第一，我速度最快”，那么用户该相信谁？估计几十个里面，只有一个能得到用户的认同。那就是规模庞大、实力雄厚的品牌。

比如小米官方旗舰店，它号称今年“双十一”小米手机销量排名第一（见图 1-21）。这是正确的做法吗？是的，不止是有数据支持，小米本身的规模和实力也能让用户相信，相信它并不是在夸大宣传。

2. 在价值属性上争第一

对于大多数中小品牌而言，在给自身做定位时，并不需要追求什么销

百度为您找到相关结果约262,000个　　▽搜索工具

2016双11手机销量排行榜名单曝光 小米第一_七月网

2016年11月12日 - 2016双11手机销量排行榜名单曝光 小米第一2016双十一购物狂欢节已经落幕了,截止11日24时2016双十一天猫交易额达1207亿,今年双十一销售额...

news.qiyue.com/123/201... - 百度快照 - 254条评价

小米拿下双11手机销量第一 卖的最好的手机竟然是它_TechWeb

2016年11月11日 - 小米拿下双11手机销量第一 卖的最好的手机竟然是它 双11狂欢仍在继续,各项记录也在刷新。就拿小米天猫旗舰店来讲,仅5分23秒,支付金额便突破1亿元...

www.techweb.com.cn/tel... - 百度快照 - 89条评价

双11天猫手机销量排行榜 魅族华为小米争第一_网易科技

[原创] 发表时间：2015年11月11日

双11天猫手机销量排行榜 魅族华为小米争第一2015-11-11 08:08:44 来源: 网易科技报道 分享到: 0 更新:截止到18小时56分,小米...

tech.163.com/15/1111/0... - 百度快照 - 77条评价

双11销量最火的手机是它 小米销售额已超8亿_TechWeb

2016年11月11日 - 刚刚,小米总裁林斌在微博上晒出的双11实时战况照片显示,小米天猫官方旗舰店在所有手机品牌中,销量第一,手机销售金额第二。实时数据显示,小米的销售金额...

www.techweb.com.cn/tel... - 百度快照 - 89条评价

图 1–21　2016 年“双十一”小米手机销量

量第一、规模第一，而应着重发现本品牌在某些有价值属性方面的竞争优势，在此取得竞争第一的定位。

例如七喜汽水不说自己是碳酸饮料第一，而是宣扬自己是非可乐型饮料的第一。七喜为什么这么做？因为即使它宣扬自己是碳酸饮料第一也没人信，可口可乐在全球的销量已雄踞榜首多年，而七喜本身也达不到与可口可乐抗衡的实力，宣扬自己是碳酸饮料第一，只会让用户觉得七喜狂妄自大。

3. 新产品具备占据第一的基础

不管是在哪个行业，新产品都具备进行首席定位的基础。品牌经营者不应该错过这样的机会。当市场上还未出现同类产品，或者用户对此类产品还没有足够清醒的认知的时候，寻找该产品最具优势的形象把它推到用户的面前，告诉他们：“我是第一个能满足你这个需求的产品，我是最好的，是你们最需要的。”

CHAPTER 2

形象打造：吸引用户的眼睛，进入用户的大脑

2.1 品牌形象力决定企业营销力

品牌是企业给用户建立的一种形象，一个强有力的品牌形象能够表达一个企业的内聚力和精神，并更容易为用户所接受。同时，它也是营销的关键所在，一个企业如果没有一个强有力的品牌识别系统，那么它的营销绝对是无力的。把品牌形象融入产品营销的工作中，能给企业带来不可忽视的力量。

2.1.1 品牌形象决定了一个企业的营销力

有没有一个好的鲜明的品牌形象，是衡量一个品牌是否成功、一个企业能否有好的营销的重要评价指标。成功的品牌形象，都是企业根据自身战略与目标用户而精心设计的，因此，很容易就被用户接受和认同，然后形成消费偏好，最后对品牌产生狂热的追求。

一旦用户对某个品牌形象产生偏好，当有需求时，就会第一时间购买该品牌的产品，或者在该品牌推出新产品时，第一时间就去购买。这种购买行为是持续性的，只要用户对品牌的偏好没有发生改变。

就像苹果公司，苹果公司的形象打造是非常成功的，现在只要我们看到一个缺了口的苹果就会想到苹果公司（见图 2-1）。然后就会想到最近是否有购买产品的需求，有的话就会将苹果公司作为自己的第一选择。更甚者，很多人会时时关注苹果产品的动态，在苹果推出新产品的第一时间就去购买。

图 2-1　苹果公司商标

2.1.2 品牌形象可对用户形成某种暗示

如今这个时代是相似营销的时代，信息传播过于分散成为这个时代的特色，这对于企业营销来说极为不利。而品牌形象的识别体系则能有效解决这个问题，一个好的品牌形象能直接吸引用户的眼球，通过形象对用户形成某种暗示。一个好的品牌形象必然有一个有价值的品牌主张，包括功能、情感、自我表现上的价值，而这些价值有助于拉近品牌与用户之间的关系，让企业与用户进行更多的互动沟通。

比如麦当劳的“M”标识，小孩子一看到它就知道它是麦当劳，从而引发去麦当劳吃汉堡的欲望（见图 2-2）。

图 2-2 麦当劳

2.1.3 品牌形象的变化带来营销的变化

品牌形象的表现形式是不断发展变化的，它跟随时代、市场、目标用户的喜好来对自己做出改变。具有鲜明个性的品牌识别形象能帮助企业用最低的成本以最快的速度打开市场，是提升产品销售的有效策略。

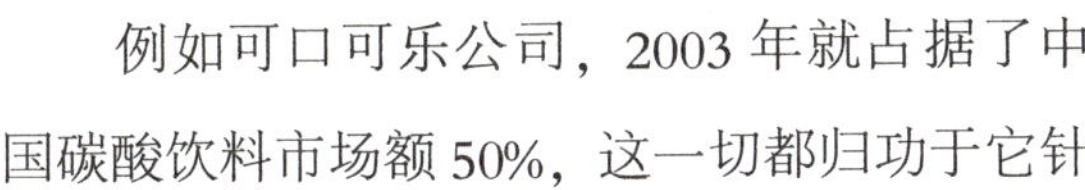

例如可口可乐公司，2003 年就占据了中国碳酸饮料市场额 50%，这一切都归功于它针对中国市场推出的新形象、新标识（见图 2-3）。这一改变令用户对可口可乐的购买欲望提升了 5 个百分点。

品牌形象创建的目的就是吸引用户注意，提升产品的销售力，然后建立一个长期的、稳定的用户忠诚度。因此，对于企业来说，独具个性化、差异化的品牌形象，不仅能够帮助企业用最低的成本完成品牌价值的积累，还能有效驱动企业产品的销售力。简而言之：“品牌形象力决定企业营销力！”

图 2-3 可口可乐中文标识

2.2 VI 视觉识别：由眼入心的形象传达

VI 指的是视觉识别，它是 CI（企业识别）系统中最具传播力与感染力的层面。它是企业品牌形象打造最重要的环节。企业品牌形象的视觉识别，即是将 CI 非可视化内容转变为可视的视觉识别符号，利用视觉，让品牌形象进行最直接的传播。

2.2.1 VI 视觉设计的基本原则

每个企业品牌形象的 VI 视觉都是不同的，但无论存在多大的差异性，在 VI 设计时，其需要遵守的原则都是一致的，主要包括以下几个方面。

1. 统一性

品牌形象的对外传播需要有一致性与一贯性，要做到这两点，就需要在设计时用完美的视觉一体化设计，把品牌视觉形象传达的信息，用户对品牌视觉形象的认识个性化、明晰化、有序化。同时，还需保持各大传播媒体上的形象统一性，创造能存储与传播的、统一的品牌理念与品牌视觉形象。唯有如此，品牌形象才能达到集中和强化，让品牌形象所传达的信息更加迅速、更加有效地传播，给社会大众留下强烈的印象。

要做到品牌视觉形象的统一性，实现 VI 设计的标准化导向，就必须采用以下手法对企业形象进行综合的设计（见图 2-4）。

图2–4 VI 视觉设计统一性设计采用的四大通用手法

2. 差异性

品牌形象必须是个性化的、与众不同的才能被用户所接受。差异性的 VI 设计主要表现在两个方面。

第一，不同行业的区分。在用户心中，不同行业的品牌都有专属的行业形象特征，比如化妆品行业与汽车行业的品牌形象就是截然不同的。因此，企业在进行 VI 设计时，必须突出行业特点，形成与其他行业相差大的形象特征，利于用户的识别和认同。

第二，突出与同类企业的差异性，每个行业都有千千万万个企业，经营着大大小小相似的产品，如何让用户一眼认出品牌？这就需要在品牌的视觉形象上与同类品牌形成明显的差异性。

为什么加多宝要大力推广“金罐加多宝”（见图 2–5），除了某些特殊原因，还是因为要脱离人们对王老吉红装的固定印象，重新打造出专属于自己的品牌形象。让用户看到金罐时会想到是加多宝，而不是王老吉。

图 2–5　金罐加多宝

3. 审美性

好的 VI 设计能够将枯燥的语言通过具有艺术性和趣味性的视觉图形表现出来，生动活泼的 VI 设计才能引起用户的注意，获得用户的喜爱。完美的 VI 设计是具有巨大的审美价值的，其主要包含的要素有（见图 2–6）：

图 2–6　品牌 VI 具备审美性需具备的要素

2.2.2 VI 设计技巧

VI 设计技巧是一个涉及实操的过程，很多企业认为很难。但是其实有些技巧是很容易掌握的，只要掌握了这些技巧再加以实践和打磨，相信企业也能设计出一个让人满意的品牌视觉形象。

1. 标准色的设计技巧

什么是标准色？是指代表企业或产品特性的专用色彩，是标志、标准字体以及宣传媒体的专用颜色。在企业品牌信息传递的整体色彩计划中，视觉识别效应足够明确，才能拥有在市场中制胜的感情魅力。品牌标准色有三大特点：一是科学性；二是差别性；三是系统性。因此，企业在进行品牌视觉形象开发活动时，必须根据以上三个特征，发挥出色彩的传达功能。企业可以创建一套开发作业的程序，以便后期规划活动的顺利进行。

图 2–7　标准色的设计理念 4 大表现特征

标准色的设计应具备单纯、明快的特点，能以最少的色彩表现出最丰富的含义，达到精确快速地传达企业信息的目的。其设计理念表现特征应该包括以下几个方面（见图 2–7）。

例如知乎的标准色，它的标准色就具备了以上所述的特点。知乎用蓝色表达了这个品牌最深的意义（见图 2–8）。蓝色是一种博大的色彩，而知乎的品牌理念就是与全世界分享各种知识，知识海洋无边无际，这一点两者无疑有着极强的贴合性。蓝色还是永恒的象征，而知识也是永恒的，它不会消失。蓝色有一种沉稳的特性，具有理智、准确的意义，这些都与知乎的经营理念相适应。

知乎

与世界分享你的知识、经验和见解

图 2–8　知乎的标准色“蓝色”

2. 特型图案设计

特型图案是象征企业经营理念、产品品质、服务精神的富有企业特色或具备纪念意义的具象图案。一般是图案化的人物、动物和植物，如肯德基爷爷、三只松鼠的松鼠。特型图案又

图 2–9　特型图案设计应达到的要求

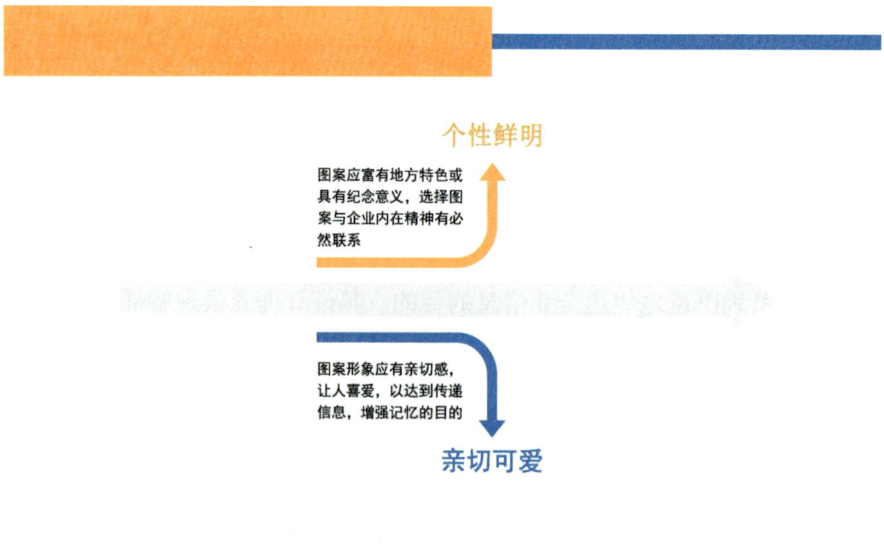

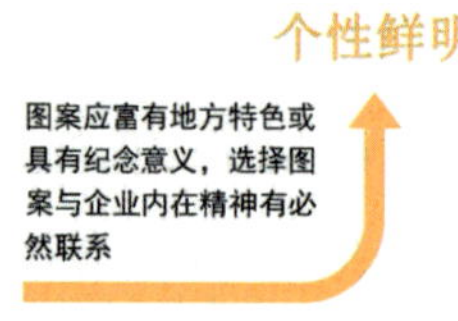

称为品牌造型，它以特定的造型给用户制造强烈的记忆印象，使之成为视觉的焦点，以此来塑造品牌识别的符号，直接表达出品牌的经营管理理念与服务特质。品牌造型团的设计应得到以下几点要求（见图2–9）。

图2–10　海尔兄弟

例如海尔的两个儿童吉祥物的设计，就达到了以上亮点的要求（见图2–10）。中外儿童的形象，代表了海尔要以中国品牌的形象打开世界的大门，让全世界都有海尔的身影存在。而两个儿童形象，又具备了活泼、亲切、可爱的形象，对海尔产品形象的推广，起到了极大的作用。

3. 象征图案设计

象征图案又称为装饰花边，是视觉识别设计要素的延伸与发展，与标志、标准色等属于宾主、互补的关系。它是一种辅助符号，运用于各种宣传媒体装饰画面。它的存在是为了加强品牌形象的诉求力，让视觉识别设计的意义变得更加丰富、更具完整性与识别性。象征图案一般具有以下几种特性（见图2–11）。

图2–11　象征图案需具备的3种特性

A	B	C
提高形象的诉求力，让标志、标准字体的意义更具体完整，更易于用户识别	注意设计要素在各环节的适应情况，让其更具有表现力	对视觉冲击力进行强化，让画面更有感染力，更能诱导用户的购买欲望

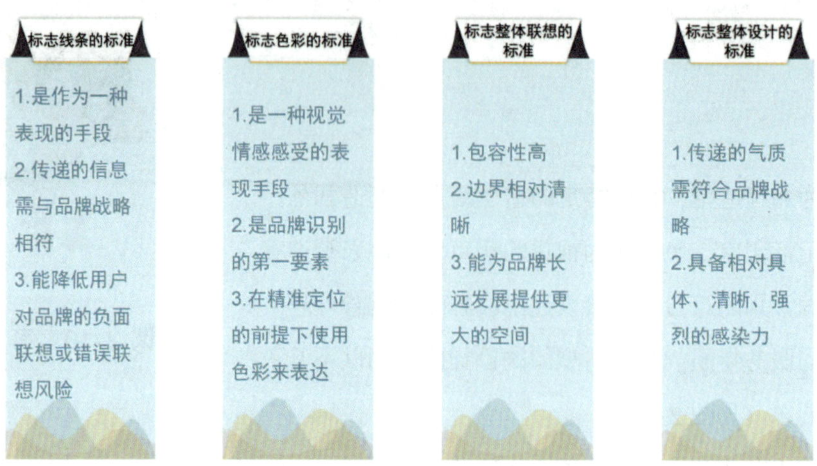

图 2-12　标志设计需达到的标准

4. 品牌标志设计

在设计标志时，企业就需要站在品牌战略的高度，其品牌标志一定得具备包容性，这样才能为品牌长远发展提供延伸的空间。标志设计需要达到以下几个标准（见图 2-12）。

2.3 MI 理念识别：统一又独立的品牌文化

理念识别（MI）是品牌识别系统的核心，其不单是品牌经营的宗旨与方针，更代表了一种鲜明的文化价值观。对外，它代表着品牌识别的尺度；对内，它代表着品牌内在的凝聚力。完整品牌识别系统构建的前提条件是企业经营理念的确立。

2.3.1 MI 品牌理念设计基本原则

品牌理念设计，是企业经营宗旨、方针和企业精神与价值观的提升，目的是加强企业品牌理念的识别力与认同力。因而，在设计品牌理念时，需遵循企业形象识别系统导入的整体性要求，遵循以下基本条件。

1. 个性化原则

个性化原则是指品牌理念设立应展示出品牌的独特风格与鲜明个性，从而显示出与其他品牌的差异性。缺乏个性的理念设计与表征，往往会流于形式，很难让用户判断出品牌个性与价值观所在，更不用说为品牌建立起专属形象。体现不出品牌与个性特点的 MI 设计，无法提升用户对品牌的识别力。

日本松下企业 1912 年以 97 美元起家，发展成为拥有 200 万职工的品牌企业，产品在世界各地均有销售。其依靠的就是松下人所形成并提炼出来的“松下品牌精神”（见图 2-13）。这种独特的品牌理念成为松下巨大的财富。

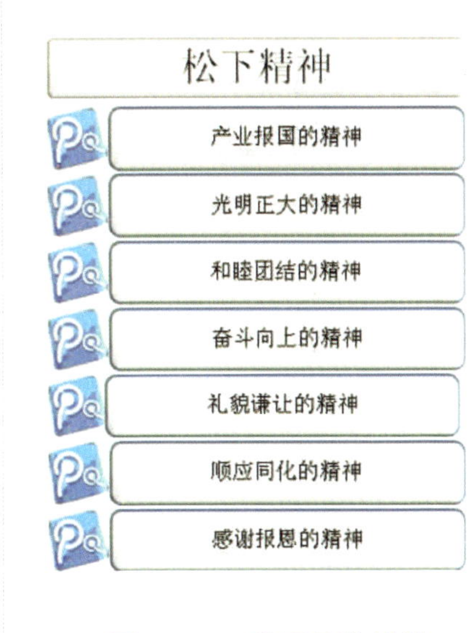

图 2-13　松下品牌精神

2. 根据性原则

根据性原则是指在设计 MI 时应遵循简洁明了和高度概括的原则。只有达到这一点，才能让品牌富有识别力，才能让员工印象深刻，将之体现在自己的日常行为中，从而让用户通过员工的行为和员工认识到品牌的精神文化，看到其独特性的一面。

比如麦当劳将品牌理念概括为“质量、服务、清洁、价值”，也就是“Q+S+C+V”，而用户去麦当劳就餐时，可以发现麦当劳的员工确实做到了这一点，从而加深了麦当劳的品牌形象，认为麦当劳这个品牌确实是有质量、有服务、干净卫生，是个值得就餐的地方。

3. 民族性原则

民族性原则是指企业在进行 MI 设计时，必须充分考虑到民族精神、民族习惯、民族特性，体现民族形象。只有这样，才能让民族文化在本民族范围中产生认同感，然后在世界范围内弘扬品牌的民族文化个性，因为“民族的才是世界的”。

例如华为的品牌文化，不管是国内还是国外，看到华为这个品牌，都会想到这是最能代表中国的企业之一，是真正的中国民族文化品牌。能被称之为中国企业，就是因为用户在华为品牌文化的身上看到了中国民族文化。以下是华为品牌的民族文化理念（见图 2−14）。

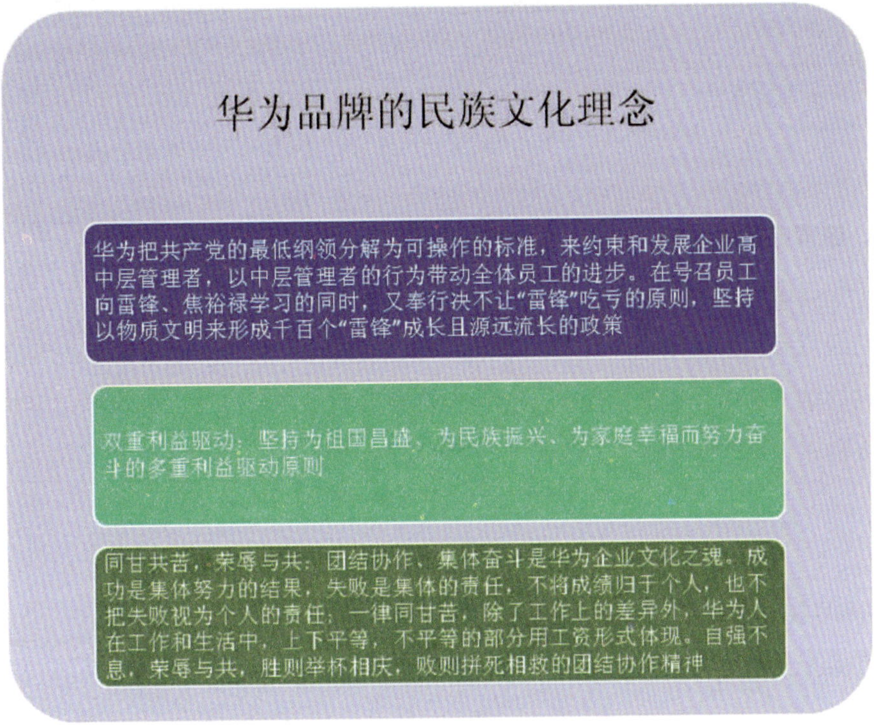

华为品牌的民族文化理念

华为把共产党的最低纲领分解为可操作的标准，来约束和发展企业高中层管理者，以中层管理者的行为带动全体员工的进步。在号召员工向雷锋、焦裕禄学习的同时，又奉行决不让"雷锋"吃亏的原则，坚持以物质文明来形成千百个"雷锋"成长且源远流长的政策

双重利益驱动：坚持为祖国昌盛、为民族振兴、为家庭幸福而努力奋斗的多重利益驱动原则

同甘共苦，荣辱与共：团结协作、集体奋斗是华为企业文化之魂。成功是集体努力的结果，失败是集体的责任，不将成绩归于个人，也不把失败视为个人的责任；一律同甘苦，除了工作上的差异外，华为人在工作和生活中，上下平等，不平等的部分用工资形式体现。自强不息，荣辱与共，胜则举杯相庆，败则拼死相救的团结协作精神

图 2–14　华为品牌的民族文化理念

4. 多样化原则

品牌 MI 设计要求表达多样化，因为只有多样化才能显示个性化，才能体现出民族思维的形象创造力。多样化要求在品牌形象的理念设计，在语言结果、表达方式、活动宣传设计上，都要丰富多彩。例如广告语要富于思辨色彩，比如小米的“为发烧而生”，海尔的“真诚到永远”。

2.3.2 MI 品牌理念设计基本内容

品牌理念设计包含的内容有很多，每个企业需要根据自身的特色来设计，但总体而言，以下三个方面的内容是绝对不能少的。

1. 经营宗旨的提升

每家企业都有自己的经营目的，不同的只是目的内容不同而已。所谓的经营宗旨，就是企业经营的最高目标。在设计品牌时，企业需要把经营宗旨融入其中。通常情况下，企业经营宗旨的提升与设计，应包括以下几个特点（见图 2-15）。

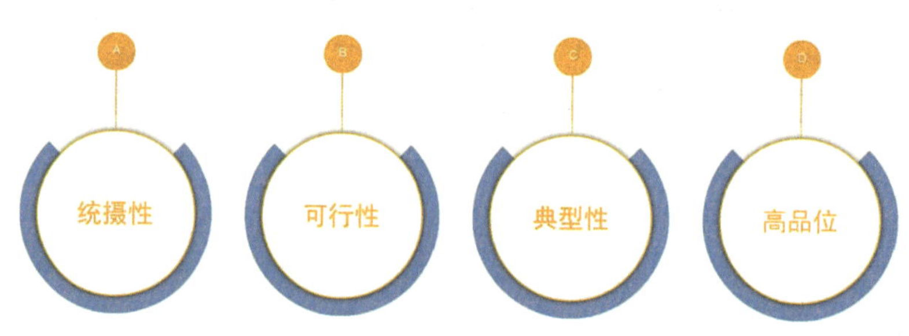

图 2-15　企业经营宗旨的提升与设计包含的 4 个特点

德克士的总体目标是：做最具中国特色的西式连锁快餐厅。

这个目标设计了以上四个点，首先德克士要在中国发展，当然要创造出符合中国口味的食物，这个目标设计具备了统摄性。其次，纯西式的快餐并不是所有中国人都能接受，因生活习惯所致，在西式餐点上加以改进，加入中国特色的食物，让食物更符合中国人的喜好，所以德克士推出中国特色的西式快餐具备了可行性。再次，典型性，如照烧鸡肉饭、紫菜芙蓉汤等菜品都是中国人的代表食品，具备了典型性。最后，高品位，不管是装修还是菜品的设计都与一般快餐店不同，融合了中西特色，具备高品位。

2. 经营方针的制定

经营方针是具体化、明晰化的企业经营宗旨和最高目标，也是企业运行最高原则的系统化。企业的经营方针是企业一切经营活动都必须统一遵守的最高准则与战略方针，其目的是进一步明确和统一企业的经营宗旨。因此，要将经营方针成功地融入品牌形象中，其必须包含以下特点（见图 2-16）。

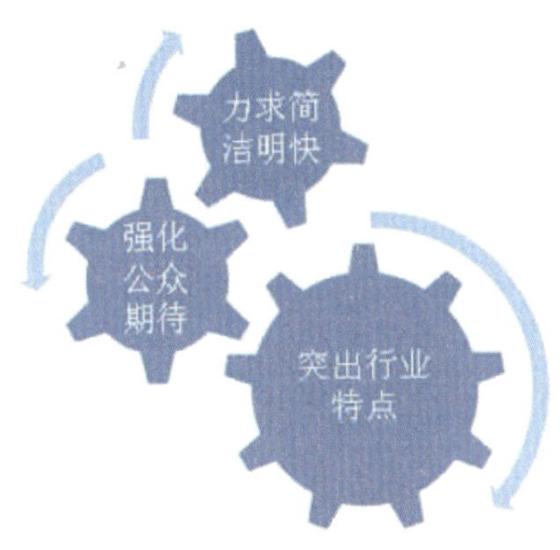

图 2-16　德克士经营宗旨的三大特点

3. 价值观的统筹

企业的价值观，就是企业对其经营行为的全部看法与评价的标准体系，是企业精神理念在具体经营行为涉及领域中的体现，它表现为一个企业的崇尚对象、赞成内容。在设计品牌理念时，需要统筹的企业价值观包括以下几点（见图 2-17）：

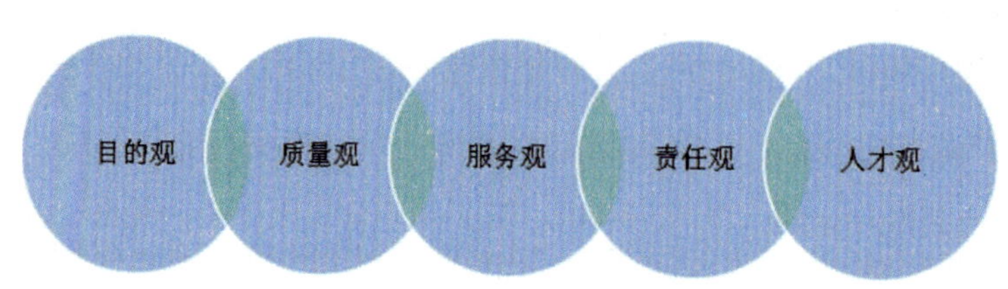

图 2-17　企业价值观的五大内容

德克士企业价值观：创造新舒食快餐。

新，就是创造更新的食品。德克士会根据本地特色定期推出符合本地口味的新产品，这是德克士的目的观。舒，表达的是舒心体验，让用户在享受美食的过程中，更加舒适，这是德克士的服务观。比如德克士会定期更换门脸装修和包装设计，在第四代时，统一采用了橘黄色，让人感受家的舒服，第五代则加入了绿色，让人感到绿色美食和健康。食，也就是食在安心，保证食物的健康。

2.4 BI 行为识别：内部协调与对外交往的规则

BI（行为识别），是指企业在内部协调与对外交往中应具备的规范性准则。它也称为品牌商标形象战略的行为识别。它是在企业的经营理念、经营方针、价值观、精神指导下的企业识别活动。它通过具体的企业行为来传播企业的经营理念，让其除了得到员工的认可之外，更进一步得到用户的认可，从而达到强化企业品牌形象的作用。

一个 BI 设计完美的企业，用户对其品牌形象才会更加深刻和认可。这就是人们把 BI 当作品牌设计不可或缺的一部分，把它列为品牌形象设计 CI 中的第三大类的原因所在。

2.4.1 内部行为识别

内部行为识别是在企业内部对员工的传播活动，让其理念得到主体员工的支持和认同，是一种企业的自我认同行为。BI 内部传播的方式有很多种，贯穿于企业活动的多个层面。因此，如何有计划、有步骤、有控制地开展 BI 内部识别活动就显得尤为重要。

1. 工作环境

工作环境的构成因素很多，主要包括两个部分（见图 2-18）。创造一个良好的内部环境不仅可以让员工的身心健康得到保障，而且对树立良好的企业品牌形象尤为重要。企业除了需要尽心打造一个干净卫生、独特积

图 2-18　企业工作环境的构成因素

极、团结互助的内部环境，还可以利用企业内部的工作环境布局来体现企业的品牌文化导向与精神取向。这是企业给用户和员工展示品牌形象感最直接、最外在，也是最有效果的一种方式。

腾讯的企业文化包括以下三个方面：

远景：创一流的互联网企业。这里包括五个“一流”：一流的技术、一流的应用、一流的服务、一流的品牌和一流的团队。这体现了腾讯的竞争环境，希望通过这五个“一流”，让员工具备争取“市场第一”的使命感。

使命：用户依赖的朋友、快乐活力的大学、领先的市场地位、值得尊重的合作伙伴、稳定和合理的利润。这体现了腾讯的领导作风，从这我们可以看出，腾讯绝对不只把自己定位为一个互联网企业。

价值观：务实专注、激发创意、团队协作、快乐工作、守信尽责。这体现了腾讯的精神风貌与合作氛围，让员工能快乐、更有效率地工作。

腾讯非常注重物理环境的打造。这从其企业的内部环境装饰就可以看出。参观过腾讯公司的网友纷纷表示，工作环境确实是增强员工归属感的方式之一（见图 2-19）。

腾讯只对员工开放的咖啡厅，食物和饮品都很nice！只想说工作环境也是增强员工归属感的重要手段之一！

图 2-19　网友对腾讯工作环境的赞美

2. 人力资源管理

管理学有一论断“企业的管理就是人的管理”，也就是说，企业品牌文化中最重要的一部分就是人本文化。一个企业的人本文化主要体现在以下几个方面（见图 2-20）。

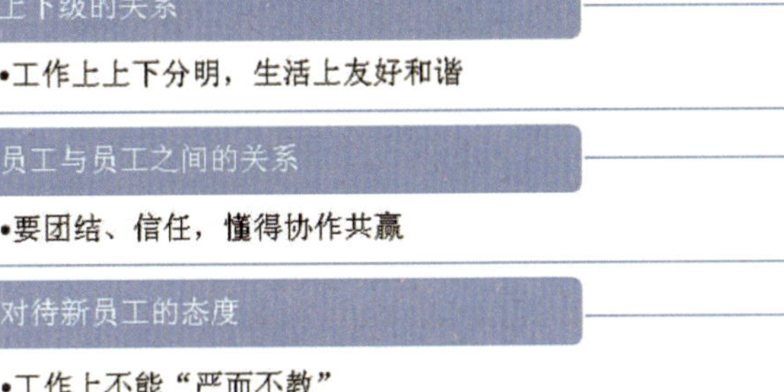

图 2-20　企业人本文化的四大体现

3. 员工行为规范化

行为规范化有两种意义：一是表示员工行为从不规范到规范的过程；二是表示员工行为最终要达到规范的效果。其具体的内容包括职业道德、仪容仪表、迎送礼仪、说话态度等各个方面。每个企业的要求都有所不同，企业应制定与自身情况相符的员工行为规范准则。

在这一点上银行企业可以说是非常有代表性，除了与本银行相符的仪表仪容搭配，对待客户都有一套规范标准。

4. 企业内部文化性活动

企业向员工传递价值观的主要方法之一就是通过企业内部文化性活动进行开展。把生硬的教条融进各种轻松愉快的活动中，让员工更容易接受。

在这一点上腾讯就做得非常出色，例如 18 周年庆，马化腾直播给腾讯员工发红包，这不只是一种宣传微信红包的方式，也向外界体现了腾讯上下一体，高层领导亲民的文化态度（见图 2–21）。

找到相关新闻约34篇　　◉ 新闻全文　○ 新闻标题　|　按焦点排序

豪气冲天！腾讯18周年,马化腾首次直播发红包 最大9888元

中国站长站 2016-11-11 14:09

为了庆祝这个节日，一向低调的马化腾现身腾讯18周年庆直播，并通过QQ给每个员工都发了红包。从腾讯员工晒出的红包截图来看，这波红包的金额都不少，其中...

腾讯成立18周年 马化腾给员工发了个超15亿的“大红包”

一财网 2016-11-11 16:39

单个红包金额在188-1888元之间不等。今天上午，马化腾等高管现身腾讯18周年庆直播 1998年11月11日，马化腾、张志东、许晨晔、陈一丹、曾李青五位创始人... >>3条相同新闻

厉害了word小马哥 腾讯18周年庆全员发红包最高9998元

和讯商学院 2016-11-11 14:59

根据鹅厂员工的红包截图显示，马化腾发出的最高一个红包达到9998元，最低为... 离职员工更是难计其数。保守估计，腾讯这一次18周年庆典，数千万元被当作...

双11撞日腾讯18周年庆,马化腾首开直播发红包

搜狐公众平台 2016-11-11 12:59

今天上午，向来低调的腾讯董事长兼CEO马化腾出现在腾讯公司18周年庆的直播节目中，并通过QQ给每个员工都发了红包，有人收到了9888元的超级大红包，少的... >>4条相同新闻

腾讯18周年成人礼：3000万现金红包 每人300股

DoNews 2016-11-11 16:03

面向腾讯内部员工开设了一场“腾讯18周年庆”的直播。相比之前出现在公众面... 单个红包金额在188-1888元之间不等。此外，马化腾还宣布，为感谢员工过... >>2条相同新闻

发股票！发红包！双十一腾讯18周年庆员工获霸气“成年礼”

搜狐公众平台 2016-11-11 21:46

发红包！这是怎么回事呢？原来当天是腾讯成立18周年纪念日，腾讯董事会主席兼首席执行官马

图 2–21　马化腾直播给员工发红包引起媒体关注

2.4.2 外部行为识别

企业对外的识别活动，是企业通过一系列对外的营销推广活动，达到传播品牌文化，获得用户支持，为企业塑造一个理想的外部发展环境的目的。需注意的是，该识别活动如要顺利开展，需先做好市场调研与营销策划上的工作。

1. 市场营销

市场营销是企业外部经营行为的一种主要手段，其切入点包括两个方面：一是市场特点；二是目标用户需求，然后通过传播渠道、促销手段、营销策略、用户服务等方面的配合，把产品传递给用户的一整套经营管理行为。

市场营销对企业打造品牌的长远规划战略有着十分重要的作用，其具体体现在三个方面：一是给企业带来经营效益；二是塑造了良好的品牌形象；三是让用户认可企业打造的品牌，接受该品牌旗下的产品。

2. 公共关系

是指针对用户、政府与新闻媒体的外部公共活动，其目的是希望通过持久、全面的信息传播活动，为企业塑造良好的品牌形象。公共关系活动的传播主要面对的对象包括以下三类。

对象一：用户。企业只有在满足用户需求、维护用户合法权益的基础上，才能与用户建立良好的关系。因此，企业必须做到两点：一是建立健全的用户政策；二是树立“以用户需求为核心”的服务观念。可通过以下三种方式向用户传播信息（见图2-22）。

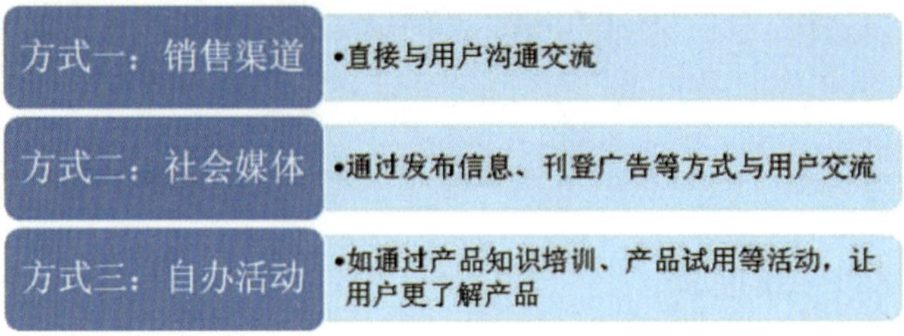

方式一：销售渠道	•直接与用户沟通交流
方式二：社会媒体	•通过发布信息、刊登广告等方式与用户交流
方式三：自办活动	•如通过产品知识培训、产品试用等活动，让用户更了解产品

图 2–22　企业向用户传递信息的渠道

在与用户建立良好关系上，淘宝在这方面做得非常好。淘宝对商家规定了诸多政策，比如必须开具发票，必须 7 天内无理由退货，5 角钱买保险享受退货补贴等。这一系列的政策规定，都是为了保证买家利益。买家的利益得到了保障，才愿意成为淘宝的忠实粉丝（见图 2–23）。

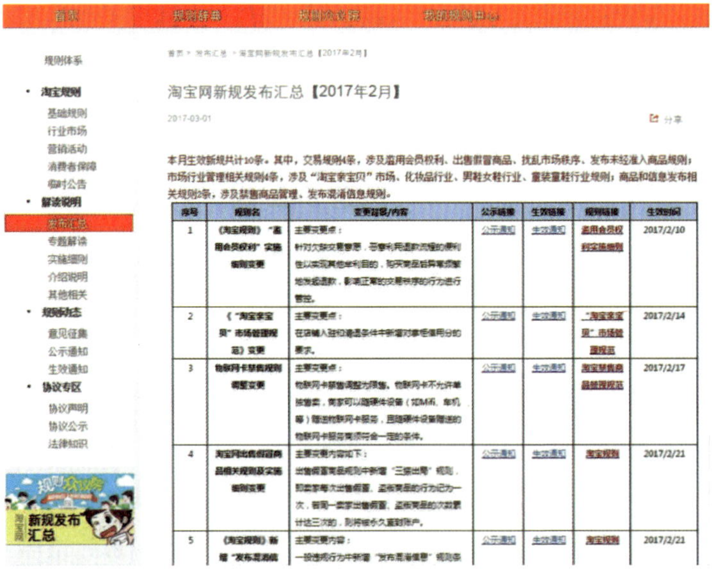

淘宝网新规发布汇总【2017年2月】

2017-03-01

本月生效新规共计10条。其中，交易规则4条，涉及滥用会员权利、出售假冒商品、扰乱市场秩序、发布未经准入商品规则；市场行业管理相关规则4条，涉及“淘宝亲宝贝”市场、化妆品行业、男鞋女鞋行业、童装童鞋行业规则；商品和信息发布相关规则2条，涉及禁售商品管理、发布混淆信息规则。

序号	规则名	变更背景/内容	公示链接	生效链接	规则链接	生效时间
1	《淘宝规则》“滥用会员权利”实施细则变更	主要变更点：[illegible]	公示通知	生效通知	滥用会员权利实施细则	2017/2/10
2	《“淘宝亲宝贝”市场管理规范》变更	主要变更点：[illegible]	公示通知	生效通知	“淘宝亲宝贝”市场管理规范	2017/2/14
3	物联网卡禁售规则调整变更	主要变更点：[illegible]	公示通知	生效通知	淘宝禁售商品管理规范	2017/2/17
4	淘宝网出售假冒商品相关规则及实施细则变更	主要变更内容如下：[illegible]	公示通知	生效通知	淘宝规则	2017/2/21
5	《淘宝规则》新增“发布混淆[illegible]	主要变更内容：[illegible]	公示通知	生效通知	淘宝规则	2017/2/21

图 2–23　淘宝最新规定

对象二：政府。企业可以通过支持文化、体育事业，发起社会公益活动，推动地方经济等方式来获得政府的支持与认可。

比如歌手韩红，除了一线歌手、实力唱将之外，人们对她的印象还有热衷于公益事业。韩红的公益事业不但帮助了许多需要帮助的人，对其个人的形象也有着极大的提升。人们现在见到韩红不只会想到她是歌手，还是个非常有爱心的公益人士（见图 2-24）。企业可以通过这种塑造个人形象的方式，去塑造自身的品牌形象。

王宏伟将献声西安 第二届红书包公益支教活动起航

西部网 1小时前
出席发布会的嘉宾和学生代表合影 西部网讯（记者 姜洁）继去年12月福祥当红不让韩红西安演唱会暨红书包公益支教活动成功举办后，2016年，禧福祥携手王... >>3条相同新闻

央金卓嘎助阵韩红爱心慈善 亲临北京街头公益

搜狐音乐 2016-11-24 13:37
据悉，亦师亦友的韩红、央金卓嘎长期保持联系，每次在韩红老师活动现场总能看到央金卓嘎的身影。央金卓嘎表示，将继续坚持践行公益事业，传播社会正能量... >>4条相同新闻

“韩红爱心·百人援甘”公益活动启动仪式侧记

每日甘肃网 2016-06-27 05:55
浓浓爱心汇聚成河 --“韩红爱心·百人援甘”公益活动启动仪式侧记 本报记者宜秀萍 6月26日下午，雨后放晴的兰州阳光灿烂，碧空如洗，位于黄河之畔的甘肃... >>3条相同新闻

捐赠30辆远景SUV 吉利助力韩红“百人援甘”公益活动

人民网 2016-06-17 09:25
吉利汽车捐赠了30辆远景SUV作为本次公益活动的“医疗巡诊专用车”，这也是吉利汽车第4次携手韩红爱心慈善基金会开展百人医疗援助系列行动。今年，韩红... >>2条相同新闻

“韩红爱心·百人援甘”公益活动走进天祝

新华网甘肃频道 2016-06-28 11:49
原标题：“韩红爱心·百人援甘”公益活动走进天祝 6月27日，“韩红爱心·百人援甘”公益活动走进天祝。全国政协委员、著名歌唱家韩红与爱心艺人蒋欣、殷桃... >>3条相同新闻

韩红为环卫工人送温暖 李易峰侄子张一山纷纷参与公益

图 2-24 互联网各种对韩红参加公益活动的报道

对象三：媒体。媒体有着“第三权力”之称，在社会上有着举足轻重的作用。利用好媒体的关系，可为企业的品牌形象起到正面宣传引导的作用。毫无夸张地说，媒体对品牌的看法，会直接影响用户对品牌的看法。

2.5 品牌形象的人性化打造

随着人们生活品质的提升，对产品的需求层次的上升，品牌获得人们认同的决定要素也在不断发生着改变，每个品牌都以不同的方式演绎着各自的形象化生存。因此，品牌形象的人性化趋势随之而来。

2.5.1 品牌形象人性化的重要性

品牌人性化的重要性，我们可以从两个角度来理解：一是宏观角度；二是微观角度。

1. 从宏观角度理解品牌人性化的重要性

从宏观角度出发，品牌形象人性化可以有效推动社会文明的进步。人的愿望随事物的变化而变化。在不断渴求中获得满足，又在满足后产生新的愿望。品牌理念的塑造过程则是与用户进行交流，获得用户的愿望需求，然后满足用户的愿望需求，再激发用户新的愿望需求的过程。具体而言，品牌具备以下两种作用（见图 2-25），品牌的作用程度如何，就看其能满足用户多少愿望需求，又能激发用户多少新的愿望需求。而这一切都

图 2–25　品牌的两种作用

是在品牌形象人性化的基础上打造的。

2. 从微观角度理解品牌人性化的重要性

从微观角度出发，品牌人性化构建了企业与用户沟通的桥梁。有着诸多因素的影响，人与人之间存在着非常明显的差异。只有承认这些差异，才会去认识用户，去了解用户的不同需求，去和他们沟通，这就是品牌形象的“以人为本”的核心理念。海尔的“真诚到永远”，美的“美的生活”都是如此。

2.5.2. 品牌形象的三种人性化转化趋势

如今，以人为本逐渐成为企业各种行为和追求的准则，客户导向的思维方式被广泛运用，品牌形象理念的打造由此产生了变化，总而言之，其变化主要有以下三个方面。

1. 从追求功能到追求情感

在传统商业时代，一个好品牌的标准就是这个品牌的产品质量好，功

图 2-26　雕牌洗衣液广告《下岗篇》

能好。但现在不同，质量好、功能全是一个品牌基本的配备，但这两者还不足以让现在的用户认可一个品牌，还需要这个品牌能符合他们的情感诉求。

雕牌洗衣液在品牌形象打造方面，就实现了这种从功能诉求到情感诉求的转化，不只强调去污、洁净、不伤手的功能，而且强调雕牌所体现的人性化理念。这从雕牌的《妈妈，我能帮您干活了》一系列广告片中就可看出（见图 2-26）。关注下岗工人、小女孩乖巧懂事的广告，就让雕牌摆脱了日化用户在产品功能差异上进行品牌区分的套路，对用户进行了非常深刻的情感震撼，建立起了贴近人性的品牌形象。雕牌诸如此类的广告，让用户在感动之余也对雕牌青睐有加，其相关产品连续四年全国销量第一。

2. 从追求利益到担负社会责任

企业要有好的发展离不开好的社会环境，一个企业如果只追求利益，不担负社会责任，那么它的品牌形象在用户心目中恐怕就没有什么“美好可言”。现在与过去的时代不同，一个能担负起社会责任的品牌形象，比企业做任何的推广宣传都更加有效果。我们可以看到，但凡现在成功的品牌形象，企业都担负了一定的社会责任。

其中最为典型的就是利乐的森林法则。利乐是国际上最大的液态食品加工包装公司，其所采用的纤维材料必须来自经过认可的森林。对此，利乐实施了一套森林法则（见图 2–27）。利乐包装的产品常温下仍可保鲜 6 个月，节约了大量因冷藏而耗费的能源，同时其包装还能回收制成其他商品，如家具、地板、玩具、音响等。利乐以其深入的环保理念，使品牌赢得了用户的尊重与喜爱，很快就被推广到欧洲乃至整个世界。

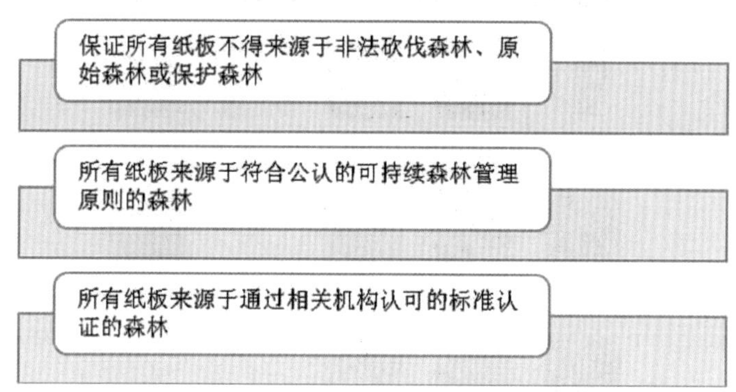

图 2–27　利乐森林法则

3. 从高高在上转为亲民接地气

以往，很多产品总是让人难以捉摸，特别是科技产品，人们都抱着太高深了，我玩不了，还是别买了的思想状态。但是现在，曾经被用户认为难以触摸的高科技产品变成了用户生活中常见的事物，下至几岁孩童，上至七八十岁的老人，都会使用。

微信就是一个典型的例子。微信的视频通话功能很简单，只要两个步骤就能实现通话，因此很多人都帮家里的老人安装了微信，让其能面对面地与在外地的儿孙们视频通话，简单的操作步骤，一教就会，老人家根本不觉得困难，还认为比打电话简单多了（见图 2–28）。

图 2–28　某网友的奶奶加入群聊

C H A P T E R 3

符号构建：人人都看得懂，人人都听它话

3.1 超级符号背后的商业逻辑

人类生活在充满符号的世界中，自出生起就开始学习应用符号，听从符号，与符号合作，来控制自己的行为，改变所处的世界。人是符号动物，其行为深刻受携带者或明或暗意义的符号的影响。超级符号有着不可思议的力量，它可以轻易地改变用户的品牌偏好，可以在短时间内发动大规模的购买行为，还可以让一个新品牌在一夜之间就成为亿万用户的老朋友。一个伟大的品牌，就是一个伟大的超级符号系统，一个强大的品牌商业逻辑。

3.1.1 符号指挥行动，驱动用户消费

什么是超级符号，它的超级又在哪里？一个符号之所以称为超级符号，必然能够最大程度地提高品牌的传播效力。什么样的符号这么超级呢？我们可以从公共符号与文化符号的角度来理解。公共符号，比如红绿灯、交通标志、男女厕所标志等，这就属于最强大的公共符号，全世界的人都认识它，都会按照它所传达的信息行事。例如我们看到红灯就会停下来，看到绿灯就会行走，女性看到女厕所标志就会走进女厕所，而不是男厕所。所有一切行动都是听符号的指挥。那么，符号既然能指挥人类行动，自然就能驱动人类消费。企业打造品牌超级符号的目的也是为此。

图 3-1　天猫与肯德基合作的猫头海报

图 3-2　天猫本身头像

2016 年“双十一”来临之前，天猫联合 40 多个国家品牌，推出了 40 多张品牌宣传海报(见图 3-1)。海报整体呈猫头形状，同时融入了合作品牌的元素，构图和设计非常新颖美观。天猫与相关品牌天天在互联网上进行广告宣传。

事实上，这已经不是天猫第一次对“猫头”图案进行强力宣传。近年来，天猫通过广告片、

出街海报、创意艺术展、各大网站等，对“猫头”进行了极力的宣传与演绎，其目的就是为了让“猫头”打造成天猫的超级符号，让用户一看到猫头就看到了天猫，就想到该去购物了（见图 3–2）。

3.1.2 一切创意都是为了降低营销成本

超级符号的一切创意都是为了降低营销成本，其主要包括三个方面：一是认知成本；二是决策成本；三是传播成本。从人类认知习惯的角度来分析，人类天性喜欢接受熟悉的内容、选择熟悉的产品、传播熟悉的语句。就像我们在购买或使用一件产品时，会下意识地听从身边亲戚朋友的意见，或是下意识地认为朋友介绍的产品可信度更高。中国有一句话叫“熟人生意”，就是如此，人们习惯选择熟悉的对象购买熟悉的产品。

就是这种熟悉程度，当企业推出一款产品时，通过超级符号的运用，可以将一个全新的品牌一夜之间变成亿万用户的老朋友。就像曾火遍全球的口袋妖怪，作为一款形式新颖的 AR 游戏，如果没有宠物小精灵这个超级符号，那么如何在短时间内引起大范围的传播？

这一点与我们经常强调的 IP 概念类似，IP 是指人们原本熟悉的，已拥有大量的粉丝和知名度的一个品牌或产品。当某电视剧或电影将这个 IP 作为自己的剧本基础，那么这个电视剧和电影就能未播先火。因为人们本身就熟悉这个 IP，对这个 IP 有认可度。就像 2016 年夏天大火的校园剧《微微一笑很倾城》就是一款 IP 剧，作者为顾漫。而顾漫的作品本身就是 IP，《微微一笑很倾城》这部小说本身就积累了不少的粉丝，因此电视剧在开拍之初就引起了极大的关注（见图 3–3）。

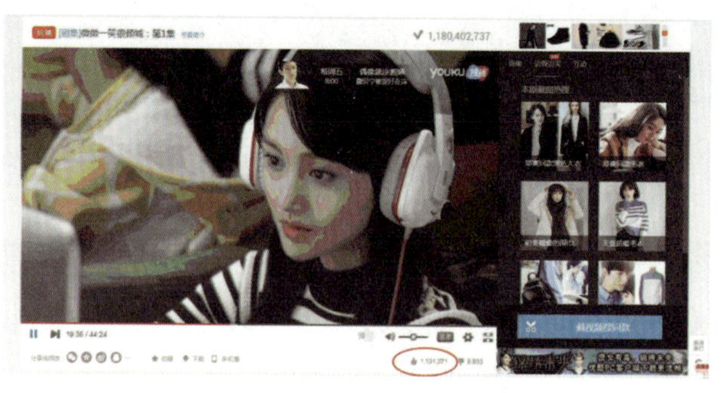

图 3–3　《微微一笑很倾城》的独霸点击率

3.1.3 记忆碎片下形成的品牌超级符号

人们对于一个品牌的印象，很多时候是来自一些记忆碎片的堆积。人们在生活场景中不断地看到代表这个品牌的超级符号，然后存储到脑海，积累到一定程度或是被某个触点引发后，形成了对这个超级符号的深刻认知。

比如可口可乐给人的品牌印象就是几十年的记忆碎片堆积而成的；杜蕾斯在社交媒体上追了无数个热点，上了无数个热搜，留下了人们脑海中如今的印象。这些记忆碎片可能是一段广告、一个文案、一个创意包装。对品牌超级符号来说，好的记忆碎片能够给用户留下深刻的印象。当它触摸到用户的心之后，就能形成高效传播，进而有效地将它承载的品牌身份与价值观传递出去。

3.2 符号的品牌战略价值：指称

企业进行营销传播的目的就是通过影响用户的观念与行为，引导其做出购买决定。在这个过程中就需要一个符号作为桥梁。也就是说，企业需要赋予一个符号来指称自己，这是符号学的首要功能，就是我们常说的指称功能“能指与所指”。

3.2.1 指称的类型

符号的指称，可以分为两种类型：一类是简单的指称；一类是复杂的指称。

1. 简单的指称

符号的指称，可以是简单的指称，比如电脑这个词，是一个能指，它的所指，就是电脑这个电子产品。所以，企业可以给自己打造一个简单的指称。但是这个简单的指称需要强大的实力作为指称，而且只能代表自己。比如说可乐，可乐并不只能代表可口可乐，还可以指百事可乐。但是，微信就不同了，它不会只 Facebook，也不会指微博。品牌要打造简单的指称，首先要保证自己是唯一的。

2. 复杂的指称

复杂的符号指称，是指非常高效率、能浓缩大量信息的指称。比如 1+1 等于 2，这里面的每一个构成因素都是符号，如果没有这些符号，一加上一等于二还能理解，但是更多的数字就费劲了。

品牌也是一个高度浓缩大量信息的指称。一个品牌的符号，代表了品牌的精神、品牌的文化、品牌的产品、品牌的各个方面。品牌中的每一个构成，比如标志色、标准字、图案相加起来，构成了一个浓缩品牌各个方面的符号。有了这些，用户就更容易理解品牌。

3.2.2 符号就是命令

从小，我们就学习并习惯、依赖于符号的命令。根据路线标志我们知道从哪里走，根据建筑物标志我们知道从哪里进到建筑物的内部。因为我们认识符号，所以我们知道在电话进来的时候，我们应该按哪个键接通，哪个键挂掉。符号，就是对我们行为的命令，让我们知道如何做。符号有着强大的意志力，影响人的看法，指挥人的行为，人们听从符号的指挥。

3.2.3 符号的三大功能

符号代表的意义有很多，能起到的作用也很大。总的来说，可以将之归纳为以下三类（见图 3–4）。

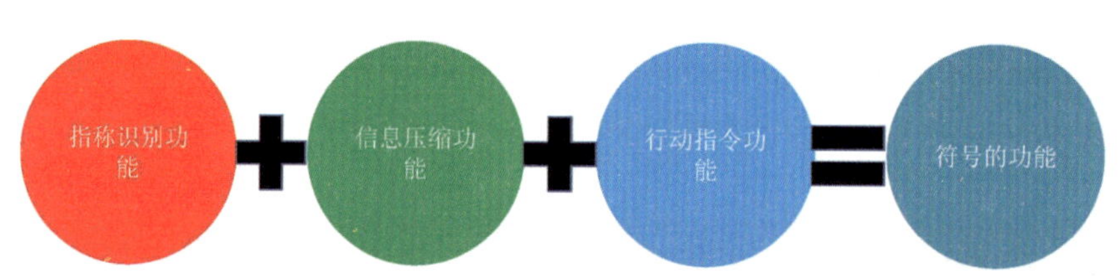

图 3–4　符号的三大功能

这三个功能，正是品牌进行营销传播时所需要的，也是符号在品牌战略中的价值。我们可以这样理解符号的价值。品牌找到一个符号能够让用户识别自己，浓缩品牌的价值信息——影响用户的看法，了解并认可品牌——指挥用户的行为，让用户购买品牌的产品，并推荐给他人。

3.3 构建品牌符号的五大路径

如何创造品牌符号？可以通过人的感官进行。人有五大感官，分别是视觉、听觉、嗅觉、味觉、触觉，这五大感官，就是打造品牌符号的五大路径。

3.3.1 视觉路径

品牌通常所说的符号，大多是指视觉符号。大多数品牌都把视觉作为自己的第一符号，因此，用户所能记得的品牌符号，大多都是先有视觉印象。

为什么品牌会把视觉看得如此重要？在营销实践中我们发现，视觉对于用户购买决策的影响远远超过了其他因素，好的品牌设计者能够很好地将品牌差异化色彩信息通过色彩、图形、形状等视觉元素传递出去。

比如说腾讯的标志色蓝色，腾讯可以说将蓝色的识别做到了极致。蓝色已经成为腾讯品牌的战略区隔，其一切的品牌建设工作都是围绕建设“蓝色”而进行。比如QQ的界面、QQ浏览器的界面、手机/电脑管家、腾讯网，都是以蓝色为主调色（见图3-5）。

在打造品牌视觉符号时，企业需要注意一个问题。品牌认知是识别累积的过程，视觉作为其最重要的元素之一，最忌讳的就是常常变化。企业如果一旦为品牌找准了一个视觉元素，就要一直坚持。可以通过变化表现手法来适应品牌的战略提升，但是指向性的识别元素一定要统一和单一化。

图 3–5　腾讯旗下软件的颜色

3.3.2 听觉途径

在品牌广告中使用固定的音乐旋律是常用的听觉识别手段，比如VIVO 手机的《我在那个角落患过伤风》。

品牌听觉符号，用比不用强，这和品牌有标志和没标志的区别是一样的。比如田七牙膏的广告“田……七”，它是品牌名称的独特听觉符号，它甚至也是广告口号（见图 3–6）。咧开嘴，露出牙齿，传达出了品牌目的身份、价值与体验。所以照相时大声喊的“田七”就是一个品牌的听觉标志。

3.3.3 嗅觉途径

嗅觉符号？似乎很少听说。那么什么是嗅觉符号呢？用嗅觉来判断产品好坏是一种本能，只是很少被品牌用来作为识别。嗅觉符号一般在香水行业运用得最广泛。香奈儿的香水就有独属于它的香味，用户一闻到这个味道，就能知道它是香奈儿。

其实气味可以代表很多东西，比如新、鲜、雅、健康等，如果企业能让用户把品牌与一种独特的气味建立起关联，那么无疑就成功了。

图 3–6　田七广告照相篇

3.3.4 触觉途径

多数产品的购买都要去实际体验、感受一下，比如我们去商场买衣服都要摸一摸面料，以此来判定质量的好坏。即使是现在的网购时代，用户收到货后，也要摸一摸看看面料是否符合标准，如果不符合就退货。如果品牌懂得利用这种触觉需要来打造符号，那么，对于提升认识和制造差异化有很大的帮助。

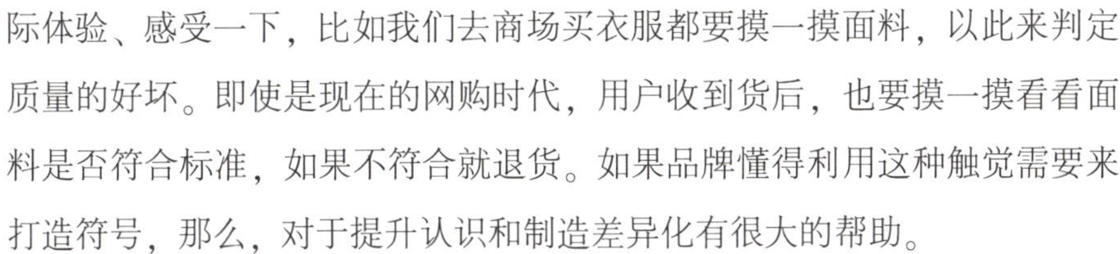

3.3.5 味觉途径

味觉符号在食品行业是运用最为广泛的，但凡入口的东西都与味觉脱不了关系。比如咖啡、铁观音、饼干、红酒、烤鸭都有自己独特的味道。

每一个成功的食品品牌都有属于自己的味觉符号，比如老干妈就是老干妈的味儿，不是这个味道用户就不会买，康师傅红烧牛肉面的广告诉求点“就是这个味儿”（见图 3–7），对于这一点，想必很多用户都有共鸣。其他品牌的红烧牛肉面的味道就是不如康师傅的好。

图 3–7　康师傅红烧牛肉面广告

视觉、听觉、嗅觉、

触觉、味觉都是可以构建品牌的符号系统，根据你的产品特点，来选择你最突出的地方。食品行业可以主打味觉符号，香水行业可以主打嗅觉符号。

3.4 先认识用户，再打造超级符号

企业打造超级符号的方法，就是把品牌“嫁接”到用户身上，把品牌植入用户的生活中，寄生在用户的日常生活行为中。要做到这一点，就要去重新认识用户。企业可以根据消费的四个阶段：购买前、购买中、使用中、使用后，把用户分成四个角色。

3.4.1 购买前的角色：受众

在购买产品前，用户还不是用户，它只是一个受众，只负责接收信息。所以，品牌要尽可能地为用户提供方便性与信息服务，让受众知道这个品牌。可以通过各种营销宣传的手段，让受众发现品牌。

那么在这个发现品牌的过程中，企业就要考虑在哪些生活场景中做宣传，受众容易发现品牌。比如有些用户喜欢上微博，那么就要加大在微博上的宣传信息，有些用户喜欢逛超市，那么就要加大在超市的宣传。先设想用户的生活场景，再去做品牌符号的宣传。

例如 2016 年 12 月 21 日，睿米科技在微博上发布了一条关于米家车载空气净化器的宣传（见图 3–8)。为什么它要选择在微博上给受众传递信息，是因为它的目标用户有很大一部分是与微博用户重叠的，他们的日常

行为之一就是刷微博，关注微博上的动态。所以，睿米科技才选择了在微博上给受众传递信息。

图 3–8 睿米科技的博文

3.4.2 购买中的角色：购买者

不管是在商场、超市、餐厅，还是电商。当受众接收到品牌的信息后，知道这个品牌并到品牌这来时，此时受众身份就变成了置身于购买环境中的信息搜寻者，也就是品牌的购买者。

此时，品牌就要给购买者提供购买的决策服务，让他能用最短的时间买到最满意的产品，同时也是品牌最想要卖给他的产品。

例如小米公司在微博上的“小米年货节终极选购攻略”（见图 3–9），就是为它的受众提供了购买的决策服务，让用户能够在最短的时间，用最优的价钱买到最好的产品，而这些产品正是小米想要卖给用户的。

3.4.3 使用中的角色：体验者

用户购买产品的目的是为了使用，在使用过程中，购买者就变成了体验者。购买者的体验决定了品牌最终的命运。企业品牌符号是否能够打造成功，就看购买者对企业的产品评价如何，企业的产品是否能给他们满意的体验。

企业可以在产品上制造体验的超级符号，也可以在服务上制造体验的

图 3–9　小米为用户提供购买决策

超级符号。不同的产品，有着不同的体验符号要求。核心都是让用户感到舒服，感到值，能够超出他们的预期。

3.4.4 使用后的角色：传播者

因体验而成的超级符号能给品牌带来什么价值？就是体验者乐于回忆在使用产品中获得的感受，并乐于和他人分享这种感受，因而，体验者就成了品牌的免费传播者。有了这一层身份的转变，品牌的超级符号才算打造成功。

3.5 超级话语：超级符号的超级表达

传播要达到应有的效果最核心的是要有品牌的超级符号，但如何让这个超级符号传播出去，这就需要传播动力——超级话语。一个品牌超级符号和一句超级话语，就像是品牌的歌曲与歌手，有了歌曲（超级符号），也需要有歌手（超级话语）演唱出来，才能让听众听到。

3.5.1 一句话说动用户

企业在建立一个品牌之前，先问自己一个问题，你能不能一句话说清自己的业务？想好之后，再回答第二个问题，你能否用一句话就说动用户，让用户购买你的产品或服务？

1. 无需文艺，无需创意

如何才能把自己的业务用一句话说清楚？如何才能用一句话说动用户购买自己的产品？很多企业都认为很难，我们经常看到这样一种现象：某些企业做一些很“恶俗”的广告，即不够文艺，也不够创意，就把一句话来回说无数遍，说的用户烦不胜烦，但是效果却非常好。

就像平时看节目时，天天都是“送礼就送脑白金……送礼就送脑白金”，像魔音穿脑一样，依然不妨碍它的成功，我们确实在送礼时选择了脑白金当作礼品，而这句话直至现在也未被用户忘记，时不时地还能当作俗语提上几次。

脑白金的成功是找到了那句话，而无法达到这样效果的企业，是因为没有找到这句话。一旦企业能找到像脑白金一样“一句就能说动用户”的那句话，就能知道这句话带给品牌的意义，而企业的品牌也很有可能像脑白金一样被用户牢牢记住。

2. 无需说清，只需说动

在“一句话说动用户”中，企业要把握两个词，就是“说清”与“说动”，说清自己，说动用户。但是这两个词在品牌符号建立的范围中，并不属于同一个层面，说清是手段层面，说动是目的层面。说清的目的，是

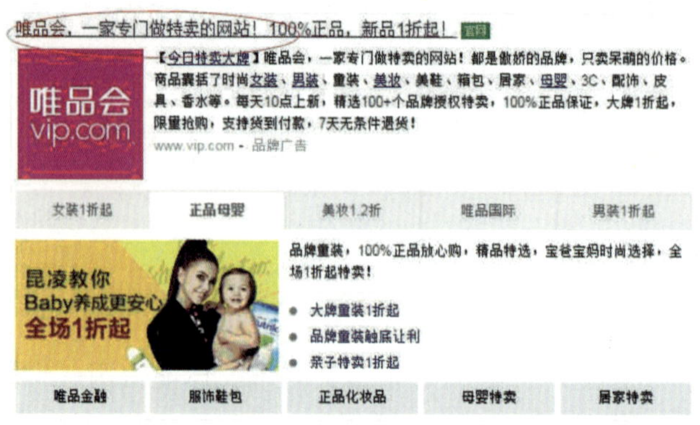

图 3-10 唯品会，一家专门做特卖的网站

为了说动用户去购买。但是问题来了，是不是一定要将自己的符号含义说清楚，才能说动用户？不一定！

说清，是你认为你说清了，其实可能并没有；你认为用户听清了，其实可能并没有。用户永远不可能像品牌本身一样清楚你要说的事。而说动，是客观的行为。动，是心动，最后落实到行动中。用户购买了就是购买了，没有就是没有，一目了然。

企业打造品牌符号的目的就是为了说动，而不是说清，更不是依靠说清去说服。因此，企业要研究让用户心动的方法，而不是让用户“服”的方法。

“唯品会，一家专门做特卖的网站”，就是唯品会的品牌超级话语(见图 3-10)。那么它的这句话是否做到了一句话说动用户的效果。

我们可以从说清和说动的关系来分析。这句话说清了什么？它说清了唯品会的销售类型。这句话把唯品会说清吗？肯定是没有。这句话能说服用户吗？答案显然也是否定的。但是“一家专门做特卖的网站”，这句话却能把唯品会的用户——想要低价购买品牌产品的用户说动了。

对于唯品会的用户来说，这句话最精确、最有想象力地告诉了他们能从唯品会得到什么。特卖，指的是在特定的时间里，以优惠的价格出售指定的商品，一般以商城或专卖店为多。也就是品牌产品打折后出售。那为什么不说“一家专门做品牌产品的网站”呢？因为品牌产品不是超级符号，也不是超级话语，无法让人联想到低价正品的含义。

3.5.2 品牌超级话语的自传播

品牌超级话语的创作要求，可以用三个成语来概括“一目了然，一见如故，不胫而走”。一目了然，“唯品会，一家专门做特卖的网站”；一见如故，专门做特卖；不胫而走，就是不花钱就能传播，用户能够乐意传诵。那么如何才能将这三个成语完美地运用到企业的品牌超级话语创作中呢？

1. 用口语制订超级话语

因为传播是一种口语现象，因为语言首先是一种口语现象，是先有的语言再有的文字。口语是一切交流的基础，语言的有声属性是压倒一切的。

很多企业在创作品牌超级话语时，往往进入了书面语的思维模式，因为我们从小读书识字，都是从书面语开始的。但传播与书面语无关，人们不会用书面语交流。也就是说，品牌的超级话语要达到“不胫而走”的效果，就要用口语来创造。

例如特步的品牌超级话语：“特步，非一般的感觉”（见图 3-11）。这从字面上来理解，特步就是与别人不一样的步伐，非一般的感觉就是非同于常的感觉。因此让人感觉很通俗，读起来朗朗上口。而“非”字同时代表了两个意思，一是非同寻常，二是飞翔。这样，这句广告词就也可以理解为“飞翔一般的感觉”。

特步 - 非一般的感觉!
特步体育用品有限公司，是一家集综合开发、生产和销售运动鞋、服、包、帽、球、袜为一体的大型体育用品品牌企业。
跑步系列　校园系列　重试　VIP
防伪查询　都市系列　特步商城　加盟流程
www.xtep.com - 2016-11-19 - 快照 - 预览

图 3–11　特步——非一般的感觉

2. 不仅是口语，还要是套话

在口语文化中，已经获得的知识必须要经常重复，否则就会被遗忘，因为没有文字记录下来。因此就需要固化的、套语式的思维模式。口语套话是记忆过程，也是学习过程。我们需要强调的是，口语套话是人类重要的知识储存方式。就像“六月天，孩子脸”这样的谚语。这样的口语套话，知识就能够被高度浓缩起来，传承下去。每个人都知道 6 月份的天气，说变就变。

同理而言，企业如果想让品牌的知识、价值被传播出去，或是流传下去，也需要这样一句口语套话。就像滴滴出行的品牌超级话语：“滴滴一下，马上出发”，携程旅游的超级话语“携程在手，说走就走”。

C H A P T E R 4

故事营销：传递品牌的好声音

4.1 一个品牌故事引发的价值战争

纵观世界各大品牌的历史，都能发现他们拥有独一无二的品牌故事。品牌故事是在品牌传播的过程中整合企业形象、产品信息等基本要素，再融入时间、地点、人物以及相关信息，以完整的叙事结构或感性的“信息团”的形式传递给用户，以各种各样的表达方式唤起与用户之间的共鸣。在品牌中引入故事，与创造文学故事不同，在构思文本与实施推广的过程中具有特殊性质。

4.1.1 品牌故事的价值性

品牌故事为什么能让企业对它情有独钟呢？当然有其价值所在。品牌故事能体现品牌的理念，能够让品牌具备历史厚重感，提高在行业内的权威性，同时还能加深用户对品牌的认知。具体而言，品牌故事的价值性体现在以下三个方面（见图 4–1）。

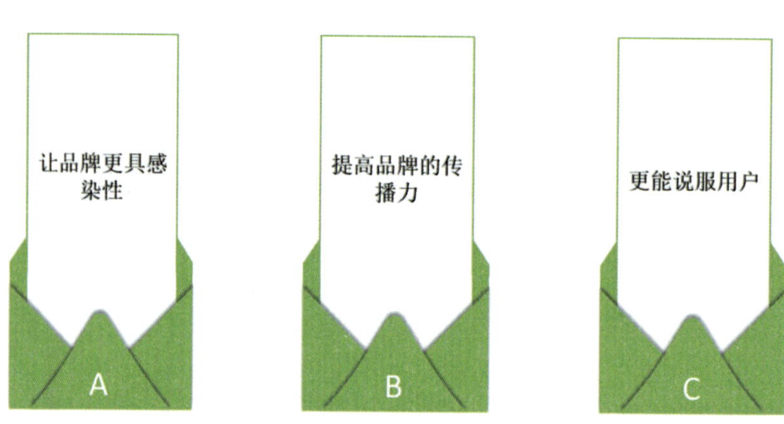

图 4–1　品牌故事价值的三大具体体现

1. 让品牌更具感染性

故事是品牌与用户建立关系最直接有效的方式之一。一个好故事可以消除用户对品牌的防备心理，在最短的时间内信任品牌，提高对品牌的好感度。

2. 提高品牌的传播力

一个好故事的评价标准就是能够被用户“口耳相传”。故事本身所具备的趣味性、娱乐性能使用户自动自发地传播，特别是像褚橙一样的励志、传奇的品牌故事。

3. 更能说服用户

一个优秀的品牌故事就像一个超级推销员，能够迅速说服用户相信自己，得到用户的认可，并让用户花钱购买自己的产品。

神户牛肉就是通过一个故事将自己变成一个超强战斗力的推销员。神户牛肉被誉为“世界最高级的 9 种食物”之一，据说养殖神户牛的农场主每天给牛做按摩、听音乐、喝啤酒，让牛的心情愉快，牛肉才能更加好吃。在这种故事宣传下的牛肉自然价格不菲，用户不仅愿意购买，更愿意成为他的传播者之一，并以吃到神户牛肉为傲。

4.1.2 品牌故事的构成要素

一个好的品牌故事，需要有好的故事构成要素，缺乏这些，故事讲得再好也起不到宣传品牌、提高品牌影响力、推动品牌产品销售的作用。一般而言，好的品牌故事包括以下五种要素。

1. 定位明确

故事传播的完成是建立在品牌本身的独特之处上的，所以要先明确品牌的定位，再以此确定故事的风格调性。对此，企业需要完成以下几个方面的工作（见图 4–2）。

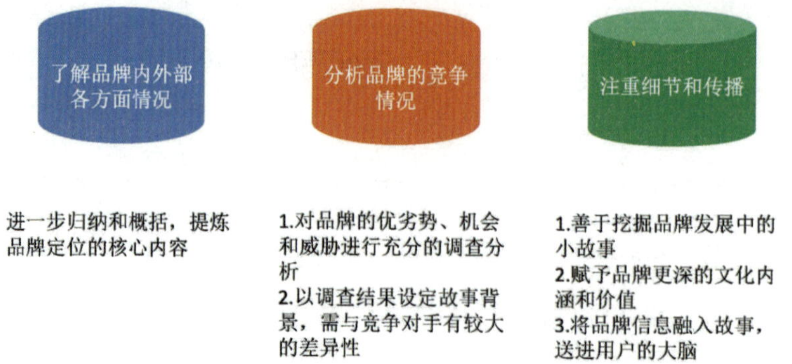

了解品牌内外部各方面情况

进一步归纳和概括，提炼品牌定位的核心内容

分析品牌的竞争情况

1.对品牌的优劣势、机会和威胁进行充分的调查分析
2.以调查结果设定故事背景，需与竞争对手有较大的差异性

注重细节和传播

1.善于挖掘品牌发展中的小故事
2.赋予品牌更深的文化内涵和价值
3.将品牌信息融入故事，送进用户的大脑

图 4–2　品牌故事调性确立的四大条件

2. 文化基础决定故事风格

文化基础决定了品牌的气质与风格，品牌故事的风格由文化基础决定。企业需明白一点，讲述品牌故事的目的，是要把抽象的企业文化转化为能让用户直观感受的形象，能够在传播的过程中，让用户解除对品牌的隔阂，让品牌发展的终极目标深入用户心中。

所以说，企业文化是品牌故事中不可或缺的一个组成部分，没有企业文化的加入，那么企业的品牌故事不能表达企业的内涵，一旦故事表现的内涵、思想与企业不符，那么即使这个故事最后在全世界的范围内传播，也对企业的品牌形象塑造起不了太大作用。

3. 根据用户特点塑造品牌故事

如果要使品牌故事对用户的心理产生一定的影响，那么故事情节就需要符合用户的期待、信息的需求、自我认同感等多个方面。也就是说企业所针对的用户是哪个类型，如果是女性，就要打造出符合女性需求的品牌故事，就如香奈儿的目标用户多是女性，因此它把女性创业路程的艰难、最终获得成功作为故事的情节。

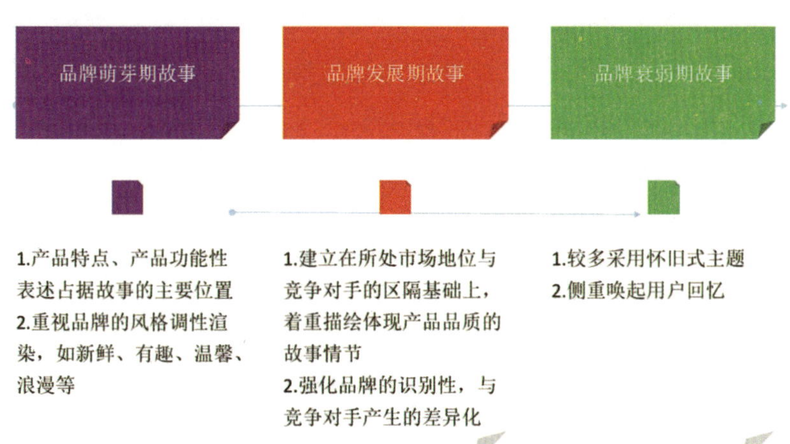

图 4–3 三大生命周期的故事侧重点

4. 不同生命周期，不同故事主题

由于品牌在漫长的成长过程中受到了各种主观与客观因素的影响，因此逐渐形成属于自己的鲜明风格与丰富内涵。根据品牌生命周期的不同，所需讲述的内容也不同（见图 4–3）。

5. 跟随时代和社会的发展而变化

时代和社会的发展对品牌故事有着极大的影响，一定程度上决定了品牌发展方向，所以，品牌故事的主题风格也由其决定。品牌故事是实时更新的、是开放透明的。因此，在塑造品牌故事时，因在坚持品牌精神与理念的基础上，融入新的信息。让用户既不会因为变化太快，而对故事的真实性产生怀疑，也不会因为故事太旧而产生厌烦感。

就像苹果的产品是不断更新的，以手机产品为例，苹果 1 的故事、苹果 2 的故事、苹果 3 的故事、苹果 4 的故事，直到现在的苹果 7 的故事。每一款新产品，都有新的故事情节融入。

4.2 不变的母题，百变的品牌故事

讲一个好的故事，找对母题很关键。每一个故事都有一个特定的主题，这就是故事的母题。它担负着故事传达的核心内容，决定了故事吸引用户的程度。母题就像根，它担负着全人类情感储备中都具有的人性。而人性这种东西，是永恒不变的。所以，品牌在塑造故事时，要尽量往母题上看，这样才能引起更多用户的共鸣，用户才愿意买单。

4.2.1 好母题需符合的三个标准

好的故事要有好的母题，好的母题也要达到一定的标准，一般来说，一个母题好不好，就看其是否具备了以下三个标准。

图 4-4　聚美优品的品牌故事

1. 符合品牌的特性

故事与品牌在母题中联系密切，是故事营销的前提条件，这确保了我们在讲述一个品牌故事时，能够保持真实性。比如婚纱品牌，那么它的故事母题就必须是与

爱情相关，如果是母婴品牌，那么它的故事母题就必须与亲情有联系。

例如聚美优品的品牌因为是青年创业，出售的产品也是针对年轻用户。因此，其品牌故事的母题就是梦想（见图 4-4）。梦想是每个年轻人都有的，创业时的各种艰辛都是为了实现自己的梦想。显而易见，聚美优品这个母题选得非常正确，再加以渲染后，确实能得到鼓舞人心、提升品牌形象、提高产品销量的作用。

2. 符合用户需求，引起共鸣

故事营销的重点就是用故事来打动用户，从而激发用户的行为。但是，如何才能打动用户，这就需要确保故事的母题是用户所在意的、所需要的。

聚美优品的品牌故事为什么能成功？并成为故事营销的典型代表？就是因为它的故事母题是其用户所需要的。聚美优品对于母题的诠释是这样的："你只闻到我的香水，却没看到我的汗水；你有你的规则，我有我的选择；你否定我的现在，我决定我的将来；你嘲笑我一无所有，不配去爱，我可怜你总是等待；你可以轻视我们的年轻，我们会证明这是谁的时代；梦想是注定孤独的旅行，路上少不了质疑和嘲笑，但那又怎样，哪怕遍体鳞伤，也要活得漂亮！"

每一句表达都深深击中了用户的心。比如第一句，众人看到都是自己的光鲜亮丽，却没有看到自己为这份努力而付出的汗水，这是每一个获得成功的人都有过的经历（见图 4-5）。还有"梦想是注定孤独的旅行，路上少不了质疑和嘲笑，但那又怎样，哪怕遍体鳞伤，也要活得漂亮！"这句话更表达除了追求梦想的艰辛，在追梦路上遇到的质疑，受过的挫折也是每个追梦人所遇到过的。

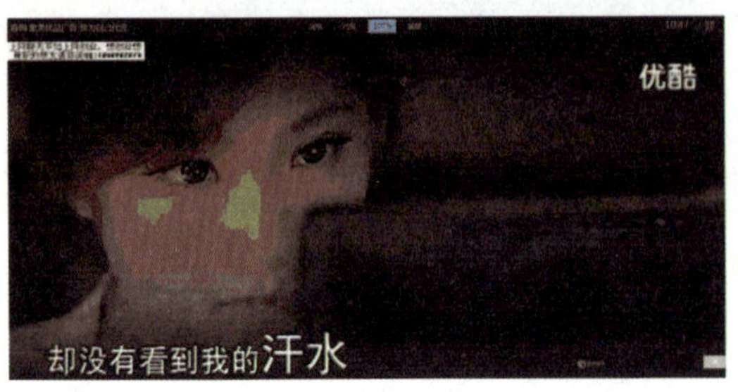

图 4–5　聚美优品的品牌宣传广告

综上所述，可以看出聚美优品故事营销的成功，正是因为它的母题所表达的内容符合了用户的需要，是每个用户都有过的感受与经历，是能够引起他们共鸣的。

3. 具备独特性、新颖性

在信息爆炸的社会里，为了拯救产品同质化现象，企业开始建立品牌。而当品牌逐渐同质化时，企业又开始为品牌讲故事。但是故事讲多了，最后也会出现同质化现象。可是，故事的母题就这么多，如何才能避免同质化？这就需要企业给品牌赋予全新的内容。

聚美优品在这一点上非常成功，梦想这个母题，已经被无数企业讲述过无数遍，用户对此早已厌烦。但聚美优品却让梦想这个母题故事，成了追捧风潮。它是如何做到的呢？很简单，就是创新。

图 4–6　网友模仿“我为自己代言”

一句“我是陈欧——我为自己代言”。就完全让这个梦想母题产生了全新的感觉。每个人都是个体，我们为梦想努力，为的不是别人，代表的也不是别人，而是自己。这种独特的、新颖的关于梦想的表达方式，让用户眼前一亮，甚至兴起了模仿风潮（见图 4–6）。

4.2.2 常见的几种品牌故事母题

所有永恒的母题都指向人类的终极关怀，LV 讲述生命的意义让人感动，Vera Wang（王薇薇）讲述独一无二的爱情故事让人心动……给品牌一个好故事，就必须先为品牌找到一个好母题。但是故事有千种，母题却只有几个，企业较常运用的故事母题主要有以下几个（见图 4–7）。

图 4–7　较常用的三种母题

1. 爱情母题

爱情是每个人都会经历的，自古以来多少爱情故事让人感叹。每个人都喜欢听爱情故事，也向往浪漫的爱情故事。中国的《西厢记》《牛郎织女》《梁山伯与祝英台》等之所以成为不朽的经典，就是因为它的爱情感人。好莱坞梦工厂出的《罗马假日》《泰坦尼克号》《人鬼情未了》等影片，之所以被全球的影迷奉为经典，也是因为爱情。所以，在适合自己品牌特征的情况下，用爱情作为自己的故事母题是最好不过的。

2. 生命母题

每个人都热爱生命，每个人对生命都会报以尊重。一个关于生命的故事能否成功，就看这个故事对生命报有多少尊重。很少人能真正体会到恶劣环境下的生命危机，但是对每个人来说，生命总是神奇与宝贵的。给生命赋予另一种呈现的方式，让用户去思考生命、敬畏生命，并热爱生命，最后达到品牌形象因这个生命故事而高大的目的。

例如LV的“生命本身就是一场旅行”的故事母题（见图4–8），就帮助LV再次提高了品牌形象。2008年，LV在中国投放了第一支广告故事，故事中LV表达了“为什么去旅行，旅行不是一次出行，也不是一个假期，旅行是一个过程、一次发现，是一个自我发现的过程”。

“真正的旅行让我们直面自我，旅行不仅让我们看到世界，更让我们看到自己在世界中的位置。究竟是我们创造了旅行还是旅行造就了我们，生命本身就是一场旅行，生命将引你去向何方？”

图4–8 LV“生命本身就是一场旅行”广告

在LV的故事中，旅行被看作生命的过程，人们可以在旅行中找到自己，实现生命的价值。而伴随生命一起走的则是拥有高品质的LV旅行包。这就是LV围绕生命母题的故事。

3. 慈善母题

公益、慈善永远是提升品牌形象的法宝，这也是这么多品牌致力于公益、慈善的原因。不仅是帮助需要帮助的人，也是为了提高自己的品牌形象。如果自己的品牌故事能与慈善紧紧挂钩，那更能起到提高形象的效果。

矿泉水 Ethos Water（气质水）在这一点上就做得非常好，该品牌在以令人咋舌的发展速度背后，开辟全新的故事母题“赚钱行善”。Ethos Water，意思是精神、道义之水。在做产品推广时，瓶标上只有一句简洁有力的 LOGO——“Buy Water，Help Children”（见图 4–9）。也就是帮助孩子获得洁净饮水。故事母题由此而生，他们把每瓶水中的一部分盈利用来捐赠缺水地区。让水和慈善公益连接到一起，而 Ethos Water 的品牌形象由此建立了起来。

图 4–9　Ethos Water 的 LOGO

4.3 故事传播的叙述者定律

《神奇动物在哪里》一书出版，引起无数哈迷的疯抢，甚至彻夜排队

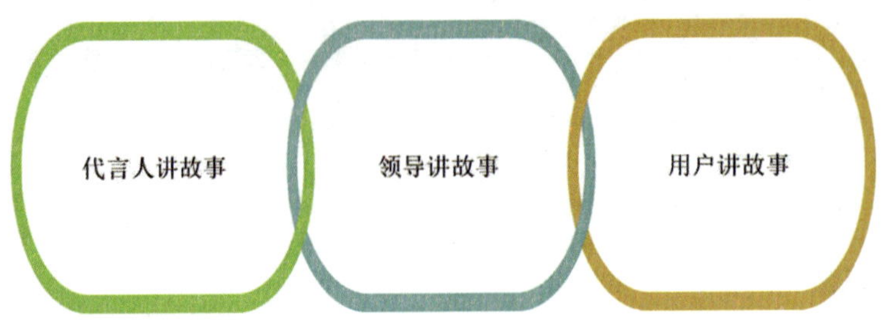

图 4-10　品牌故事的三大叙述者

抢购。为什么别的魔幻故事没有达到这种效果？因为读者们不知道谁在讲故事。换句话说，他们没有 J. K. 罗琳知名，没有她火，即使这些作者讲的故事可能也很不错。但是，因为更多人相信讲故事的人，所以对她的故事喜爱至极且深信不疑。

那么，放在品牌的故事传播中，品牌该找哪些人来为自己的故事做传播呢（见图 4-10）？

4.3.1 代言人讲故事

名人，尤其是漂亮、好看的名人讲的故事，总是会受到用户们的追捧。这也是 99%的品牌喜欢请知名人士做代言人的原因。

例如喜临门邀请了巩俐（见图 4-11）。巩俐可以说是中国电影界的骄傲，美国《时代》评价她是“不屈不饶中国的代言人”。她被誉为最美的东方人。因此当她出现在电视银屏中，向用户讲述喜临门床垫的故事，就更加有说服力，广告词“美丽是睡出来的”从她的口中说出来，才有说服力。

除此之外，巩俐的形象与喜临门的形象定位也是不谋而合。喜临门的英文标识是“月亮上的酣睡者”，既有国际时尚感，又能给用户带来舒适、温暖的感觉，品牌定位为国际时尚睡床。这一点正和巩俐这位家喻户晓的国际巨星不谋而合。

4.3.2 领导讲故事

其实很多企业的创始人、领导人就是最好的故事叙述者。比如，我们在听到马云、王健林、王石等人，我们自然就会想到阿里巴巴、万达、万科。

但并不是每一个领导人都能成为故事的叙述者，能够讲故事给用户听的人并非常人所及，马云、张瑞敏、王健林、柳传志这样的领导人，其本身的企业家形象，以及本身所具有的故事能与品牌紧密结合到一起，由他们来讲述品牌故事，其传播效果自然加倍。这就是为什么“企业如何包装CEO”一再成为中国知名商学院EMBA学员必须学习的课程的原因。

作为中国企业界的精神领袖之一，王石身上具备了一名企业责任人的良好素养，更具备了勇攀高峰、拓展未来的无畏精神，因此他一直被看作万科的最佳代言人。不只如此，他也被其他中国知名品牌邀请为形象宣传者。

图4–11　巩俐为喜临门代言

2001年7月，王石代言的摩托罗拉手机，将这款手机的“商务与运动”的内涵展现得淋漓尽致，开辟了中国全新的代言形式——商务领袖代言。之后，王石代言了旅游卫视、中国移动全球通、《北京青年周刊》、陆风汽车、平安保险等产品。每一次代言都把自身的气质与产品完美地融合到一起（见图4–12）。

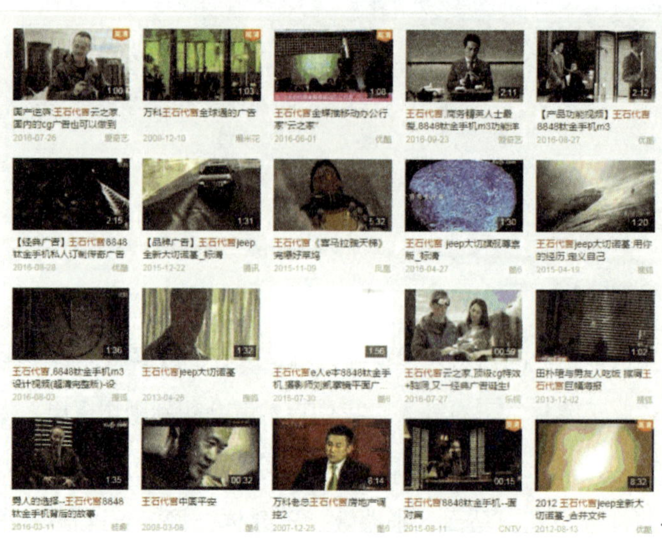

图 4–12　王石代言各种品牌

王石不仅代言了自己的品牌，也成为其他品牌追捧的对象，其最大的原因就是他的气质与内涵能够将这些品牌故事完美地诠释出来，能让用户更加信服。

4.3.3 用户讲故事

其实，对于品牌而言，用户本身才是故事最好的传播者。这一点与口碑传播类似。为什么用户讲述的品牌故事更加让人信服，我们可以从以下两点来看。

第一，用户与品牌本身处于对立关系。因为用户购买品牌的产品，不单是用户的身份，还是评判者的身份，会对品牌的不足之处表示不满。所以，如果品牌不够好，用户是不会向他人介绍品牌、为品牌讲故事的。

第二，用户与品牌没有利益牵扯。这个利益牵扯，并不是指买卖关系，而是指用户不是水军，不是品牌花钱购买来夸自己的。这一点与代言人不一样，代言人代言某个品牌，是有利益关系存在的，自然不会说品牌的不足。因为没有利益牵扯，所以只有品牌真正地让用户感觉到好，用户才会愿意成为品牌故事的传播者、叙述者。

4.4 任何一个素材，都是一个故事

故事之所以为故事，就是在于它的创造性。那么，为品牌创造故事从哪里开始呢？就像写作一样，故事的素材从哪儿来呢？小说可以虚构，但是品牌故事不行，它的创作必须是真实的，是有依据的，那么去哪里找那么多的真实素材呢？很多企业为此挠头不已。其实故事很好找，品牌的每一个组成部分都可以成为品牌故事。

4.4.1 品牌产品本身就是故事

品牌故事的素材，往往是“远在天边，近在眼前”，产品本身就是个素材，而且产品是时时更新的，推出一个产品，就可以增加一个新的素材，让用户对品牌故事有“老生常谈”之感。产品的名称、产品的来源、产品的经历都可以成为品牌故事的素材（见图 4-13）。

1. 产品名称故事

每一个产品都有自己的名字，就像小米手机为什么叫小米手机，苹果为什么叫苹果，都有它的原因所在。此时，企业就可以把自己的产品名称作为品牌故事的素材之一，讲述自己为什么要为产品取这个名字，这个名

图 4–13　产品本身所具有的故事素材

字又有哪些意义。

例如腾讯旗下的产品——微信（见图 4–14）。同样作为通讯类工具，为什么要叫微信，而不是叫 QQ。那么，微信两个字就是一个故事了。微信，意为极致简洁，迅捷沟通。因为“微”字符合 WEB2.0 时代小而精的特质。除此之外，还有另外一个故事决定了腾讯将其取名为微信。微信诞生的时候，正是微博最火的时期，腾讯取名为微信，更容易让用户认为它与微博一样会成为下一个趋势、下一个宝典，人们提到微博的同时就会联想到微信，虽然他们本质上根本不同。但是，这种做法对于一个新产品打开市场知名度是非常有帮助的。而“信”字，意思就是信息、短信的意思。

2. 产品来源故事

把产品来源作为品牌故事的主角，这在各大企业的品牌故事营销中非

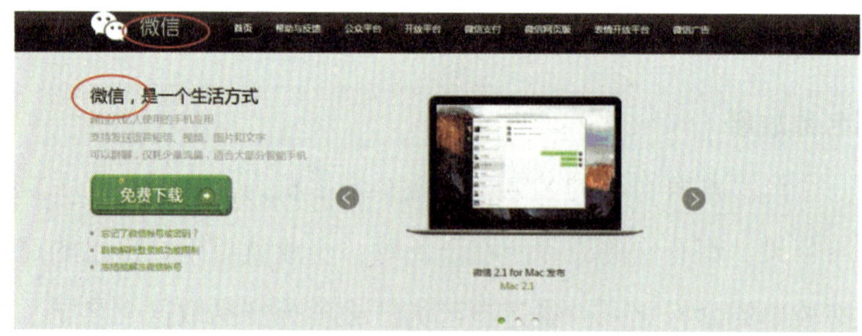

图 4–14　微信名称的由来

常常见，而且用户非常乐于倾听这样的故事。像很多水企业，就喜欢把水的来源作为自己的品牌故事中的主角，比如来自阿尔卑斯山脉、长白山山脉、昆仑山等。水品牌为什么要把这些名山作为自己的产品来源处，并将之作为故事营销中的核心点，就是因为这些山的水质确实非常优秀，是公认的山清水秀、无污染、拥有好水源的地方，并且在全世界的名山大川中，也都处于众所周知的地位。

由此，我们可以看出一点，在讲述产品来源故事时，其来源处必须是可靠的、真实的，并被用户所认可的，否则这个品牌故事就起不到什么营销作用。

如恒大冰泉之所以能迅速打开品牌知名度，就是以水源作为故事营销的核心点（见图 4–15）。恒大冰泉对于水源地有这么一段描述：恒大冰泉

2元享“黄金水源” 恒大冰泉打“亲民牌”

和讯黄金 2016-08-13 06:22

恒大冰泉相关负责人在谈及调价时表示：“调价不会影响恒大冰泉坚持”一处水源供全国”的经营理念，长白山（603099，股吧）黄金水源品质将始终如一。”有 >>3条相同新闻

恒大冰泉运输专线通车 保障“一处水源供全国”模式贯彻落实

糖酒快讯网 2016-05-26 04:11

这需要坚持原产地封装的生产原则，如长白山这种世界黄金水源地，一般位于偏远的原始森林及山脉，对仓储物流提出了更高标准的要求。恒大冰泉开通铁路运输

“一处水源”战略升级 恒大冰泉开通首条铁路专线

搜狐新闻 2016-05-06 17:58

这需要坚持原产地封装的生产原则，如长白山这种世界黄金水源地，一般位于偏远的原始森林及山脉，对仓储物流提出了更高标准的要求。恒大冰泉开通铁路运输

恒大冰泉 世界顶级水源品质

新浪 2016-05-26 10:07

恒大冰泉以世界三大黄金水源之一长白山为唯一水源地，优越的品质、先进的技术和严格的管理机制迅速收获广大消费者青睐。恒大冰泉营销推进持续升温，半年

一处水源供全球 恒大冰泉打造高端矿泉水新标杆！

食品商务网 2016-04-27 14:21

随后又与美国、加拿大等15个国家签订协议，至此恒大冰泉出口世界28国，“一处水源供全球”得到完美布局。今年年初，恒大冰泉更是与牧家合作，推出了

恒大冰泉今起售价2元 黄金水源品质如一

齐鲁网 2016-08-12 12:44

图 4–15　互联网对恒大冰泉水源地的报道

水源地为吉林省长白山深层矿泉，与欧洲阿尔卑斯山、俄罗斯高加索山一并被公认为世界三大黄金水源地。长白山深层矿泉，是经过地下千年深层火山岩磨砺，百年循环、吸附、溶滤而成，属火山岩冷泉。水温常年保持在6–8℃，水质中的矿物成分及含量相对稳定，水质纯净，零污染，口感温顺清爽。恒大冰泉经世界权威鉴定机构——德国费森尤斯检测，鉴定结论为“口感和质量与世界著名品牌矿泉水相近，部分指标更优”。

3. 产品经历故事

产品经历说故事，这也是企业常用的手法。例如一款产品在刚开始时如何不被他人接受，到成为热销产品，这其中有很多素材都可以成为故事。

QQ就是一个很好的例子。QQ的前身是OICQ，是模仿ICQ而来，腾讯在ICQ加了个O，后被控侵权，然后改为了QQ。

2000年，QQ占领了中国近100%的即时通讯市场，却收到了美国AOL的律师函，ICQ是AOL的注册商标，因此认定QQ侵犯了它的商标权。腾讯为此做了另一个提前自我保护的改变，O325版中从未安装开始就自称为QQ2000，以避免与ICQ发生法律冲突。后来用户习惯用QQ昵称QICQ，因此QICQ就改为了QQ。QQ的产品改名经历就是一个故事，曲折的取名经历让用户对QQ印象更加深刻。

4.4.2 品牌成长故事

一个品牌从默默无闻到享誉天下，其中必定经历了很多事件，而且这些事件通常都具有传奇色彩。这些具备传奇色彩的事件可以作为品牌的理念一直被贯彻下去，成为品牌的精髓。在这个更加注重精神需求的时代，好的故事对于品牌故事的帮助毋庸置疑。

1. 品牌诞生的故事

企业的品牌是如何诞生的，企业为什么要做这个品牌，它的初衷是什么。这些都是绝佳的故事素材。

例如阿里巴巴的诞生故事。马云创立阿里巴巴是因为他去国外时发现电子商务与信息分享在国外已经很成熟，但在国内却相对闭塞。因此，马云看到了一个中国特色的商机——如果企业不懂互联网，不懂如何做互联网推广，那么他就可以搭建一个连接双方的平台，帮助企业做推广，做生意。这是马云创立阿里巴巴的初衷。马云带领 18 个人的创业团队，用 50 万的资金注册了阿里巴巴，阿里巴巴就此诞生了。

2. 品牌成长故事

品牌的成长如同一个人的成长，一个人的一生会经历无数的事情，品牌也是如此。这些成长过程中的小故事就是品牌故事的最佳素材。

比如阿里巴巴，从一个小小的、不被他人所看好的互联网公司到现在享誉全球的大企业，阿里巴巴经历了无数事件，跨越了无数次的困难。这些经历、挑战都能作为阿里巴巴的品牌故事的素材。如阿里巴巴并购雅虎后所面临的挑战——如何把两个完全不同文化的团队整合？这是阿里巴巴故事营销的绝佳素材点之一。阿里巴巴是草根文化，雅虎是外企文化，这两种文化融合的结果就是只有那些能够接纳、理解、融合的团队成员才能够留下来，因此负责阿里巴巴雅虎的部门经历了一场不小的人事动荡。

除此之外，还有创始人的创业故事，也是被广泛运用的故事素材。所以，不要再说没有好素材来讲述品牌故事了，只是企业不会挖掘而已。

4.5 30 秒法则，决定故事的传播率

一个好故事，也要有好的传播，才能达到扩大品牌知名度的目的。但是，现在传播故事的方法有很多种，渠道也有很多。如何才能知道自己应该选择哪一种传播方式呢？其实，不管企业选择哪种传播方式，“30 秒”传播法则是必须要遵守的（见图 4–16）。

4.5.1 第一个 30 秒：抢镜

万事开头难，一个好故事，开头很重要，没有引发用户兴趣的开头，

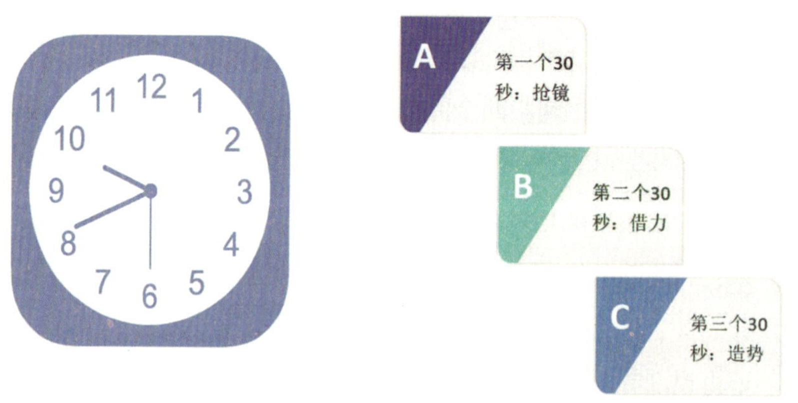

图 4–16　故事传播 30 秒法则

董明珠怒摔格力手机！撂狠话，你敢摔吗？

搜狐财经 2016-07-30 09:00

说着，将手中的格力手机摔到了地上。台上的其他同行都微微一怔。从这段视频能够看出，董明珠在台上的台风气场果然强大，但直接摔手机会不会有些过激呢…… >>23条相同新闻

刘天放：是什么让董明珠敢摔手机 让格力笑傲江湖

慧聪网 2016-08-08 19:36

由老总亲自上阵摔手机，就能看出格力的恒心和魄力。凭借格力其他产品给人留下的良好印象，有理由相信，董明珠的手机也不会差到哪儿。董明珠这位企业家…… >>3条相同新闻

董明珠怒摔格力手机称世界第一 被质疑是故意作秀

大河网新闻中心 2016-08-01 09:29

【环球科技报道 周涛】近日，第二届中国制造高峰论坛现场，董明珠在演讲过程中顺势推销起了自家的手机，宣称"我的手机是世界第一"。她表示这个"第一…… >>9条相同新闻

董明珠怒摔格力手机并豪言：我的手机世界上第一

站长网 2016-08-01 09:06

近段时间，第二届中国制造高峰论坛在北京举行，格力电器是主办方之一。作为董事长兼总裁的董明珠也出席了该论坛，她透露之前去日本出差时，她特地把格力

互联网新闻推荐

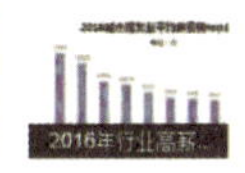

更多图片新闻>>

图 4–17　关于董明珠摔手机的各种报道

用户哪来的耐心往下阅读？在这个媒体泛滥、信息爆炸的时代，只有在最短的时间内抓住受众的眼光，才能拥有最佳的传播效果。

格力董事长董明珠向来是个讲故事的高手，为了给格力的新产品——格力手机做宣传，董明珠在第二届中国制造高峰论坛上当场摔手机，让人惊讶不已（见图 4–17）。虽然有人质疑董明珠炒作，但是董明珠得到了她想要的效果，利用这短短的摔手机以及为格力手机讲话的时间，成功地抓住了用户们的注意力，格力手机的品牌名称因此传播了出去。由此，董明珠开始不断为格力手机讲述新故事，而那些因为摔手机事件而关注格力手机的用户也有了耐心继续听董明珠讲述格力手机的故事。

4.5.2 第二个 30 秒：借力

品牌故事是一种产品，在传播时需要借力打力，利用他人的优势资源实现自己的营销效果。企业可以借助其他品牌、用户、热点人物、热点事件的力量，很多企业都采用过借力营销来宣传品牌故事，效果还很不错。

与王老吉的大战，一直是加多宝近几年故事营销的核心点。2016 年，陪跑 20 年的小李子终于拿到了奥斯卡影帝，全球的观众都在热议。小李子全名为莱昂纳多·威尔海姆·迪卡普里奥，是美国影视演员、制作人，因扮演《泰坦尼克号》的男主角杰克而享誉全球，为了表达亲昵，中国人称他为小李子。加多宝也借着小李子拿到奥斯卡影帝的这个热点，来为自己的品牌故事做了营销。加多宝的海报中，加多宝与小李子并列站立，一句“主要看实力”暗示了自己与王老吉的战争，让用户意识到加多宝会如小李子一样，不管经历了多少次挫折，要等待多久，最终都会用实力打败对手。

4.5.4 第三个 30 秒：造势

所谓造势营销，就是指品牌主动策划一些结合自身发展需要的事件，通过传播使之成为公众所关注的热点。要想让自己的品牌故事被更多的人所熟知，传播到更大的范围，企业不能守株待兔，只懂得借势，也要懂得造势。但是造势营销需要具备创新性与公共性，前者是指企业所设置的话题必须有亮点，这样才能获得用户的关注，这所谓“狗咬人不是新闻，人咬狗才是”。公共性则是避免自嗨，设置的话题需要得到用户认可，能引发他们的兴趣。否则得不到用户的参与，品牌故事设计得再好也没有用。

CHAPTER 5

极致体验：从产品到服务，精心设计用户感受

5.1 用户至上时代，体验决定品牌成败

现在是用户至上的时代，说用户体验决定品牌成败一点也不为过。做品牌的人已经明显地感觉到，今天用户决定品牌的成败，用户对品牌的话语权就越来越多，用户的口碑直接决定了品牌成败。

5.1.1 互联网让信息无限传播

为什么说用户体验决定了品牌的成败？因为现在是互联网时代。在互联网时代，每个用户都可以发布信息，用户的声音即使再微小，也能被世

界听到。一旦用户对品牌产生了不满情绪，然后在社交媒体上发布出来，这个信息就会马上被扩散出去，像滚雪球一样越滚越大。我们在现实中，看到不少因为用户把对品牌的不满发布在互联网上，从而导致品牌声誉受损，最后慢慢消失的例子。互联网让信息可以无限传播，它能给品牌带来多少价值，也能给品牌带来多少伤害，而这一切就看企业的产品是否能给用户带来满意的体验。

5.1.2 销售的不是产品而是体验

当用户开始使用品牌的产品，只代表着产品被交易出去，此刻才是真正体验的开始，用户体验是否满意，将直接影响到品牌的口碑和销售量。其实，在如今这个时代，所有的品牌都与娱乐行业一样，不是在销售产品，而是在销售用户体验。只要品牌能给用户超出预期的体验，就能给品牌带来忠实的用户。

因此，企业无论在生产产品、营销产品，还是在推广产品，销售服务上都要把用户体验放在最重要的位置，尽一切能力满足用户的需求，这就是品牌成功的王道。

很多人都说海底捞卖的是服务，而事实确实如此。海底捞的菜品和味道很多火锅品牌都做得出来，甚至有很多品牌的味道做得比海底捞还要好，但为什么这些火锅店就不如海底捞出色？其实，很简单，海底捞的服务好，给用户的用餐体验好，这是很多火锅品牌即使模仿也模仿不出的精髓。所以，大家都说，海底捞与其说是卖火锅，不如说是卖服务（见图 5-1）。

5.1.3 用户的改变

现在的用户与传统时代的用户不同，不管是从个性思维，还是行为喜

微博正文

萝莉妖精 +关注

12-22 08:37 来自 iPhone 5s

昨晚去吃海底捞，我最爱的银耳粥换成了黑米粥，小小的不开心。最爱海底捞的银耳粥，每次开锅前都要先干两碗。结果，吃完临走的时候，客户经理拿了个礼品袋来给我，里面装着银耳粥的食材还有熬煮秘笈。表扬表扬，这大冬天的，海底捞不仅暖身也暖心啊。@海底捞火锅 谢谢江门汇悦城店的彭懂懂经理，还有服务员饶哲。细心又体贴，真是太可爱了！还有还有，你们的披肩真不错，夏天去也不怕空调冷了

转发 评论 赞

图 5-1 用户在社交媒体上夸赞海底捞的服务

好、消费观念等都发生了极大的改变，而这个改变导致了用户体验决定品牌成败的现象产生。

在传统的观念中，买与卖就是一种交易，一个给钱，一个提供产品。这种买卖关系是建立在产品供求的基础上，用户的购买行为，就是为了花钱买到自己心仪的产品。用户关心的是产品能解决问题，品牌卖出产品的目的就是获取利润，而产品卖出后的事情，并不在品牌关心的范围之内。

这种传统的经营方式，在很长的一段时间内都支配着人们的买卖行为。但现在不同，用户在购买产品时，除了关心产品本身之外，还会关心产品的很多方面，如购物环境、品牌的态度、优惠幅度……总之，所有的一切要求就只有一个目的，就是要让自己感觉舒服，否则产品再好，用户也不会购买。

例如宜家，它之所以成为家居行业的引领品牌之一，就是因为它抓住了当今用户的需求，不只要产品还要有感觉。

从前的家居卖场都是把家具分门别类地摆放，然后等待用户前来挑选，同时配上一名销售员做讲解。这种传统的家具销售方式，既无法给用户提供良好的购物环境，无法让用户真正了解产品的内在，用户也无法获得独立思考的空间。因此，用户在购买的过程中，无法享受到愉悦。

宜家注意到了这一点，改变了传统的销售模式。一进入宜家，一种完

图 5-2 宜家卖场的各种展示风格

全不同于常规家居卖场场景展现在了用户眼前。每一件家具都被很好地摆放在了一个个“家”中（见图 5-2）。每个“家”风格不同，有儿童房、厨房、客厅、卧室。用户一进来就立即会被家的亲切感所吸引。

宜家还给了用户充分的自由。首先，除了咨询外，工作人员不得干涉用户的选购；其次，宜家所有摆放的产品，用户都可以亲自体验，可以与产品零距离接触。除此之外，宜家还给用户提供了免费咖啡、免费果汁等服务。

宜家这种不只卖产品，更卖感觉的销售模式，完全抓住了新时代用户的需要。

好的品牌绝对少不了好的口碑，好的口碑绝对不能少了好的用户体验。所以品牌要想获得成功，就一定要在用户体验上下功夫。

5.2 按照 SEM 塑造品牌体验

SEM（战略体验模块）是由哥伦比亚大学商学院教授伯恩德·施密特提出的，它将体验分为感官、情感、思考、行动、关联五种类型。战略体验模块可以分为两类，一是用户在其心理与心理上独自的体验，即个人体验；二是必须有相关群体的互动才会产生的体验，即共享体验。前者包括感官、情感、思考；后者包括行动、关联。

5.2.1 个人体验

前文有述，个人体验包括感官、情感、思考三个内容，那么企业该如何围绕这三个内容进行极致体验的塑造呢？

1. 感官

感官营销的诉求目标是创造知觉体验的感觉，它经由视觉、听觉、触觉、味觉与嗅觉来完成。这一点和“构建品牌符号的五大路径”一节内容一致，都是围绕着用户的五个感官做文章。感官营销体验就是如何让产品给用户的每个感官以极致的体验。

2. 情感

情感是指针对用户的情绪做营销，日标是创造情感体验，涵盖的氾围非常广。欢乐的情绪、愤怒的情绪都是情感营销的目标。情感营销的核心点就是什么样的体验才可以引发用户的某种情绪，以及如何能使用户自然地受到感染，并融入这种场景中。只要是人类情感的一部分，都可以作为情感营销的对象，企业都可以针对其中的一种给用户塑造极致的情感体验。

例如“对不起，我只过1%的生活”的一组漫画在2014年年底被疯传，短短一天的时间，漫画在微博上的转发超过43.96万次，点赞34.73万次，评论更是高达8.9万次，当天下午漫画作者“伟大的安妮”发布微博称，这篇文章的阅读量超过了6000万（见图5-3）。由此开发的应用“快看漫画”

图 5–3 《对不起，我只过 1%的生活》

更是迅速占据 AppStore 的免费榜榜首。成为 2014 年年度最具性价比的情感营销案例。

这组漫画是讲诉作者走上绘画道路的过程，在被人告诉她 99%的人不会成为她自己想要成为的人，但安妮选择过那 1%的生活，而最终有三次实现了那 1%的生活。这个故事中蕴含的情感——对梦想的追求、90 后少女的创业故事、奋斗过程中所遇到的挑战，每一点都引发了用户内心的情感共鸣。此次的成功，靠的就是漫画中所蕴含的丰富情感。

3. 思考

思考营销的诉求是智力，以创意的方式让用户感到惊奇，产生兴趣，从而对品牌提出的问题进行思考。这是一种为用户创造和解决问题的体验式营销。这种营销体验方式，一般被高科技品牌广泛使用。在其他行业中，思考营销一般是用于产品的设计、促销以及与用户的沟通上。

海尔可以说是采用思考营销的典型。海尔采取了三种个性定制方式，分别为模块定制、众创定制、专属定制（图 5–4）。

模块定制：是指海尔的产品以模块的模式进行重新结构，用户通过表达自己的需求以及场景还原的方式选择自己的产品。这是海尔让用户根据

图 5-4　海尔的众创定制

场景思考自己的需求，然后表达出来，以便海尔为用户提供最能满足其需要的产品。

众创定制：是指用户可以在众创平台上提出自己的创意，海尔的各种设计师就会参与到定制过程，并与用户进行互动，从而形成新品的迭代。这是海尔帮助用户将他们的想法变为现实的一种新型体验营销方式。

专属定制：是指一对一的定制，可以让用户拥有独一无二的定制产品。在这个过程中，用户可以参与其中，提供自己的想法，如何才能让自己的产品变得独一无二（见图 5-5）。

图 5-5　海尔的设计师团队

海尔现在还将众创定制模式实现了更新，做了体验升级版。在这个版本中，用户即使是零基础也可以把自己的创意想法变为现实。例如，用户提出希望冰箱的门变透明，可以看见里面的食材、希望在厨房电器上也能看电视、听歌，甚至购物。只要用户提出要求，海尔的设计师都会全力帮助用户实现。

5.2.2 共享体验

共享体验分为两个部分，一是行动，二是关联。

图 5–6　贵人鸟的运动营销

1. 行动

行动营销的目标是影响身体的有形体验、生活形态与互动。通过行动营销，品牌可以增加用户的身体体验，指出做事的替代方法、替代的生活形态、与他人或者自己互动，丰富用户的生活。用户生活形态的改变可以是被品牌激发的，也可以是自发的，更有可能是由偶像角色引起的。

运动品牌贵人鸟就成功地进行了一次行动营销，升华了用户身体运动的体验。贵人鸟邀请了著名歌手张杰作为代言人，并量身定做了主题曲《我们的发光时代》，张杰不但是实力歌手，其本身更有着极高的人气，他的

图 5–7　魅族社区

代言引发了不少粉丝对贵人鸟的关注。2016 年贵人鸟邀请张杰举办的一次倡导跑步的运动，更是获得了不少张杰粉丝的认可，粉丝们的大力营销，让贵人鸟的此次行动营销效果加倍（见图 5–6）。

2. 关联

关联营销包含了以上四点，它是超越私人感情、人格、个性，加上个人体验，而且与个人对理想自我、他人或是文化产生关联。关联活动的诉求是自我改进，让他人对自己产生好感。比如让一个人和较广泛的社会系统、一个群体发生联系，从而建立个人对某种品牌的偏好，同时让使用该品牌的人们进而形成一个群体。关联营销已经被广泛使用，例如魅族、小米、苹果都使用了关联营销，产生了如“煤油”“米粉”“果粉”等群体（见图 5–7）。

5.3 满足用户真正需求，减少用户损失

什么才是真正的好品牌？答案很简单，就是满足用户真正的需求，减少用户的损失。日常生活中，经常发生把某产品买回家之后，才发现并不是自己真正需要的，从而就不再使用它，然后再去买一个真正能解决自己需求的产品，而之前那个产品就浪费了。就像有些女生买完衣服回家，突然发现穿着不如销售员口中说的好看，然后把它永远尘封在衣柜里。

一个真正被用户认可、能引发用户下次购买行为的品牌，绝对是能满足用户真正需求的，绝对不会让用户将之丢在一旁造成损失的品牌。那么，企业该如何让自己的品牌做到这一点呢？

5.3.1 品牌设计前需要思考的六个问题

要想真正地满足用户的需求，企业在设计前就要先思考六个问题，找到这六个问题的答案，然后再开始行动（见图 5-8）。

第一个问题：品牌能够满足用户的哪一个核心需求？比如微信可以满足用户的即时通讯，微博能够满足用户的信息分享，知乎能够满足用户对专业信息的分享与获取。那么，企业的品牌能满足用户的哪一个核心需求呢？

第二个问题：与同类品牌比较，企业的品牌有什么独特性？现在是同质化的时代，不管是哪个行业，都有无数个品牌在竞争，品牌如何从中脱

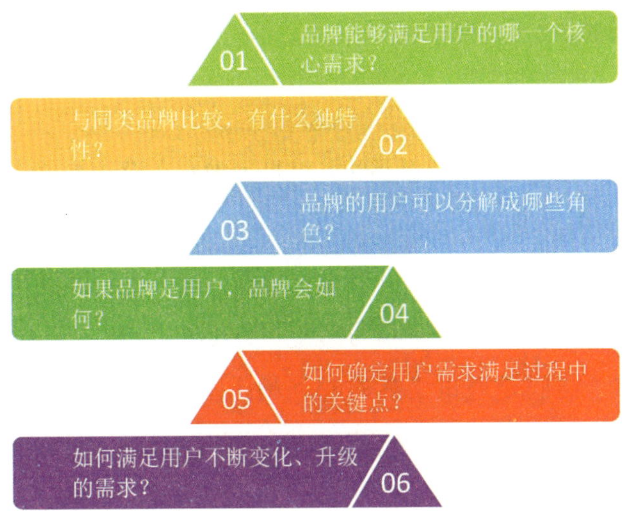

图 5–8　品牌设计前需考虑的六个问题

颖而出？品牌能够满足用户在其他品牌产品中得不到的需求满足？只有确定这一点，用户才会从千千万万个品牌中选择企业的品牌。

第三个问题：品牌的用户可以分解成哪些角色？用户千千万万，每个用户都是个体，每个用户都有属于自己的需求，那么企业的品牌要如何满足用户的个性化需求？

第四个问题：品牌要把自己变成用户，想一想，如果品牌是用户，就要思考自己为什么会使用这个产品？又是如何知道并选择这个品牌的？

第五个问题：如何确定用户需求满足过程中的关键点？哪个点才是用户的真正需求，这是很关键的问题，抓住这一点，企业所创造的品牌就基本成功了。

第六个问题：如何满足用户不断变化、升级的需求？用户的需求不是一成不变的，那么作为品牌，又该如何形成闭环，实现自我成长，从而达到不断满足用户需求的目的？

微信如何成为现在的超级品牌？就是因为它在设计前对以上的六个问题进行了充分的思考。

第一点，微信的核心需求是什么？显然，这一点是毋庸置疑的，就是通信，其所有的功能都是以通信为出发点来设计。

第二点，与同是通讯工具的 QQ 相比，微信有什么独特性？比起 QQ，微信更能满足对移动通讯的需求，同时微信是强社交的需求，而 QQ 是弱社交。

第三点，微信用户可以分成哪几类？年轻用户、老龄用户、白领用户、学生用户……微信用户的种类有很多，但是基本上微信都满足了他们的个体需求。例如年轻的用户爱玩，爱社交，微信就开发了附近的人以及摇一摇功能（见图 5-9），满足他们的社交功能。例如有些白领用户对购物和理财有需求，于是增加了京东购物、微信理财等（当然，这是在微信不断更新的过程中，但微信在设计之前已经有了这个意识）。

图 5-9　微信的摇一摇与附近的人

第四点，微信把自己当作用户来设计自己的产品，微信对于这一点有多重视，其实我们从各大媒体的新闻报道中就可以看

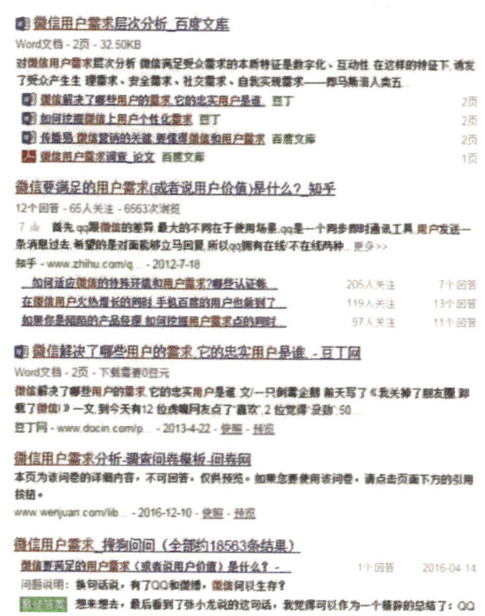

图 5–10　互联网各种对微信用户需求的分析

图 5–11　微信通信功能

到，微信天天在谈论用户思维，把自己当作用户来设计产品（见图 5–10）。

第五点，能够更加方便、更加及时地通信无疑是微信用户需求的关键点，因而，微信不断针对通信这个功能开发了语音、小视频、视频通话、语音通话等更适合手机的通信功能（见图 5–11）。

第六点，微信为了能够跟上用户的需求，不断地更新自己的产品体验与功能，红包、手机充值、表情包、生活服务、微信公众号等一系列的功能都是为了满足用户需求而产生的（见图 5–12）。

5.3.2 品牌满足的可能是伪需求

用户在日常生活中，对于哪些事物没有达到心中的预期，那么，对于

图 5–12　微信开发出的各种新功能

该事物的期望与需求，就是品牌要找的用户需求。一些品牌发现的用户需求，很可能是无法达成等价交换的伪需求。那么，企业如何辨别这些伪需求，满足用户真正的需求呢？可以参考以下三点（见图 5–13）。

图 5–13　企业辨别用户伪需求的三个方法

1. 用户说想要的需求，不一定是真需求

并不是说用户想要的需求都是真需求。就像你设计一款音乐 APP，问用户要不要增加一个聊天的功能？用户说要，一边听歌一边交友也是不错的。此时，企业认为抓住了音乐的大市场，打败 QQ 音乐、网易云音乐，成为一线音乐 APP 品牌指日可待。但是，等企业的产品按照用户需求设计出来了，却没有用户使用。用户依然还是使用 QQ 音乐、网易云音乐。

为什么会这样？聊天也是一个需求啊？确实。但是，这个需求要满足是建立在让用户满意的产品功能之上的。企业连基本的音乐需求都不能满足，其他的就更不用说了。

2. 把握用户的本质需求

用户往往会根据自己的经验向企业提出需求，但是用户却不知道，他所提出的需求已经被其他的品牌所满足了。因此，企业在了解用户需求时，要理解本质的诉求是什么，基于本质解决问题。就像用户对音乐 APP 提出即时通信的要求，但是这个需求早已被微信所满足。但是，用户为什么还要提出这个需求呢？其实它的需求本质是社交，基于同类爱好者的社交。网易云音乐显然把握住了用户的本质需求，网易云音乐没有给软件打造即时聊天的功能，但是却把评论做成了自己的最大特色。

3. 不是所有需求都要满足

企业要明白一个道理“即便是用户头疼的问题，也不一定要去满足”。难道用户说我不想花钱，但又要享受到最好的服务；我又不想辛苦地跑来跑去，更不想接受广告，这些都是用户的需求，难道品牌都要去满足吗？

当然不可能。商业社会存在的基础是等价交换，用户的需求得到解决，自然也要付出一定的代价，这种不想等价交换的需求，往往是伪需求。

5.3.3 发现用户真正的需求

发现用户需求是以用户需求分析为出发点，需要先对用户需求做采集，然后对其进行提炼与验证，最后给出方案。完成这些，企业自然能掌握用户的真正需求，然后给用户提供最满意的产品，让用户减少不必要的浪费。

1. 发现用户真实需求

真实需求是先确定用户真正的需要是什么。更便宜、更快、更好玩、更多，这四个“更”就是用户典型的需求，新品牌不是如何满足用户需求，而是要想明白如何更好地满足用户需求，“更”就是新时代用户的真实需求。

比如淘宝、美团满足的是用户更便宜的需求；京东、滴滴是满足用户更快的需求；唱吧、魔兽满足用户更好玩的需求；优酷、搜狐是满足用户更多的需求。

2. 发现粉丝需求

粉丝需求是根据发现的需求找到粉丝用户，而粉丝用户的特点是小。品牌需要明白一个道理“自己要做到的不是满足用户需求，而是首先能够更好地满足粉丝用户的需求”。

比如 hao123 的用户特点“互联网早期记不住网址的小白用户”（见图 5-14）；美图秀秀的用户特点“爱拍照，爱秀的女孩子”；4399 的用户特点“在短暂空余时间，和同学玩益智游戏的小学生”。

图 5-14　hao123 的各种网址

3. 对用户需求进行分析

对用户的需求进行分析，可以分为两个部分（见图 5-15）。

（1）用户需求采集的 4 种方法。

方法一：用户访谈。这是一种定性的研究方法。企业可以通过与用户

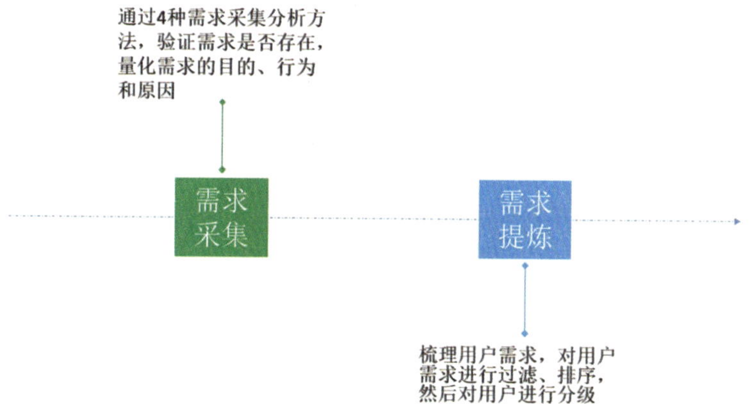

图 5-15　用户需求分析两大部分

一对一或一对多的方式，进行面对面沟通。该方法可以帮助企业发现用户需求的范围。

方法二：问卷调查。这是一种定量的研究方法。企业可以通过在网络上投放问卷，让用户自行选择是否要参与调查，以此来收集用户的需求。该方法可以帮助企业量化用户与用户需求。

方法三：可用性测试。这是一种定性的研究方法。企业可以通过邀请用户使用产品，来观察用户的行为，获取用户的反馈信息。该方法可以帮助企业验证用户和用户需求。

方法四：数据分析。这是一种定量的研究方法。企业可以通过统计用户日志文件或是实际的使用数据来采集和分析用户的需求。该方法可以帮助企业校正用户和用户需求。

(2) 用户需求的提炼。

首先按照用户需求的次数、比例以及用户反馈的重要性，进行需求排序（见图 5–16）。

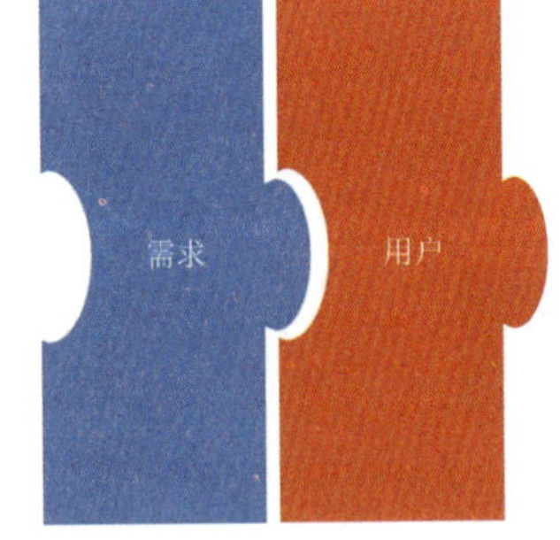

图 5–16　对用户需求的排序根据

其次，通过需求的筛选过滤，确认用户，然后进行分级。企业可以通过描述的三个纬度，对用户进行分级，从而确定粉丝用户（见图5-17）。粉丝用户是指对需求最敏感、频繁使用品牌并成为忠实用户的人；目标用户是指在普通用户中有需求，并且是品牌希望服务的人；普通用户是指理论上有需求使用品牌的人。

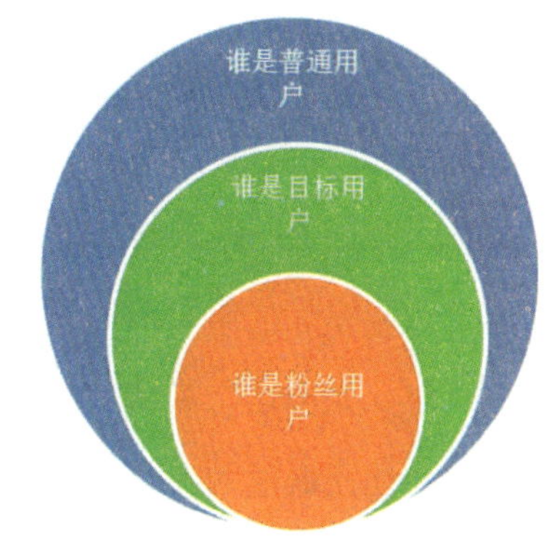

图 5-17　3 种用户等级

最后，通过 4 种需求采集方法发现、验证和量化用户需求，以此再进一步提炼，过滤掉其中的小错误与小需求，再对需求进行排序，进行用户分析，就可完成用户需求分析。

5.4 好体验不是娱乐，而是参与

小米出了一本现象级的书叫《参与感》，讲述了小米从创始至爆发成长的历程，在这个过程中，参与感起到了至关重要的作用。确实，一个成功的品牌绝对能给用户好的参与感。很多企业认为只要我的产品能够给用户提供足够的娱乐性，害怕没有参与感吗？错，一个有娱乐性的品牌是建立在参与之上的，没有参与哪来的娱乐，你跟谁娱乐？

5.4.1 开放社交媒体，降低参与门槛

企业要降低用户的参与门槛，才能提高用户的品牌认知。开放所有社交平台，如论坛、微博、QQ 空间、微信等新媒体渠道，每个社交渠道都有每个社交渠道的特点，企业要做到向用户方面的开放。比如微信，企业可以开放微信渠道，并将之打造成一个用户服务平台，让用户参与到品牌的经营中来。

小米向来以“用户经济”著称，对于如何“吸粉”、如何制造参与感是非常有经验的。小米公司在成立之初就设立了小米社区（见图 5–18），让用户通过社区发表看法。小米的种子用户就是在小米社区中培养起来的，这批用户全程参与了小米产品的设计，因而在小米产品推出后，也成了忠实的粉丝。

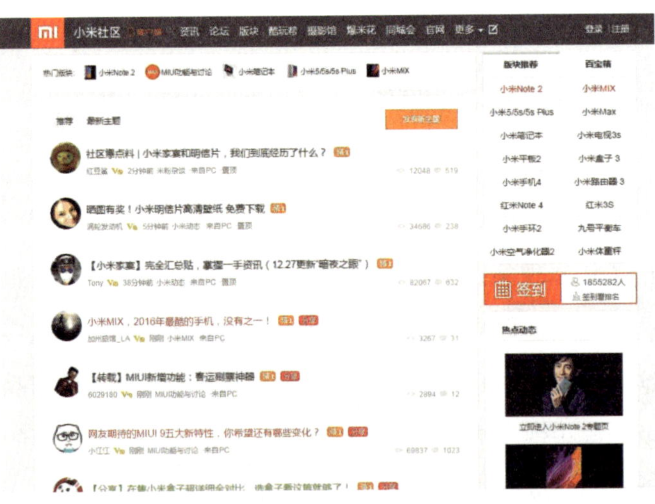

图 5–18　小米社区

图 5–19 小米邀请用户参与测试

5.4.2 让用户参与品牌运作的每一个环节

什么是参与感？在互联网时代背景下，从产品的研发到营销，要一直和用户在一起。品牌运作过程中的每一个环节都有用户的参与。企业要通过各种方式，让用户给自己提供更好的优化建议，让其产生“自己也是品牌的主人”之感。相对于营销推广的活动，参与更能获得粉丝的认同。

小米在这一点一直做得非常好。2016 年 5 月 18 日，“牛轧糖” Android 7.0 系统正式发布，并于 11 月 15 日小米手机 5 率先迎来“牛轧糖”的升级，小米 Max 也随之升级该版本。为了提升用户的参与感，并让产品有更好的体验，小米在小米社区发布了一个邀请函，让用户参与小米 Max Android 7.0 升级内测计划（见图 5–19）。

5.4.3 通过有效的活动形式塑造参与感

现在是用户注意力极其分散的时代，所以，如何让用户把精力集中到企业的品牌上？塑造参与感是最好的办法。品牌可以通过有效的活动形式塑造参与感。

1. 可举办的活动形式

活动的形式有很多，而品牌的活动总结起来有四个类型（见图 5-20）。

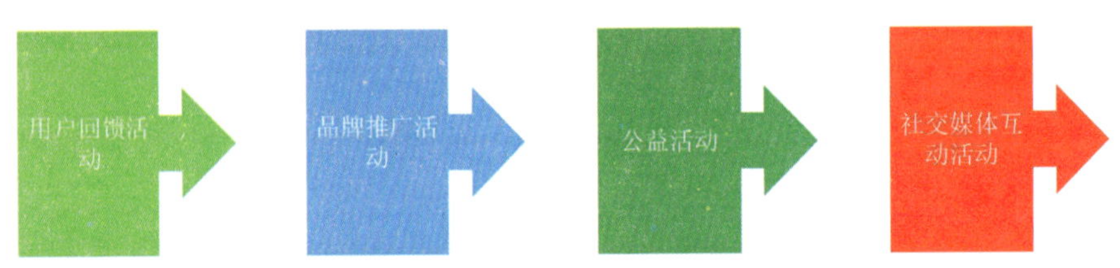

图 5-20　品牌活动的四种类型

(1) 用户回馈活动。企业可以举办抽奖、打折促销、送红包等形式的活动，吸引新用户的关注，提高老用户的活跃度。如此，不但能让用户得到一些实质回馈，还能提升用户的参与感，使用户的忠诚度更高。

(2) 品牌推广活动。推广活动形式多种多样，一定要注重活动创意。这种活动的目的是让用户感同身受。比如“对不起，我只过 1%的生活”就引起同类人的共鸣，让用户不自觉参与其中，感觉自己就是这个漫画的主角。

(3) 公益活动。一般的用户都喜欢参加公益活动，参加公益活动可以让用户产生成就感和价值感。比如一直播的“爱心一碗饭”。公益活动主要是利用线上传播造势，收集内容，线下展开。

(4) 社交媒体互动活动。这类活动是利用各个社交平台来开展活动，优势是无需大量的开发工作，利用社交平台的开放性就足以让用户的参与意愿更高，比如刷话题、转发、点赞等。

2. 活动设计的技巧

要通过活动提高用户的参与感，就要明确活动的核心目的，在设计上做到有的放矢，太收太过都会降低用户参与热情。

在设计产品时需要分析需求背后的本质，还原用户的使用场景，理解需求甚至重构需求。不过，在活动设计时情况就不大一样，比如说我们接收到的需求可能是这样“世界杯到了，我们要做个活动，大家都在做”。这个时候，品牌一定要明白活动的目的是什么，不是为了做活动而做活动，这样才能根据用户需求设计用户的参与环节，在设计上区分信息主次和呈现层级，避免把所有信息和操作不分重点地都堆积到活动上。减少用户的思考，用户的参与感才会更高。

5.5 产品是最完美的体验

产品是用户与品牌之间的纽带，也是为用户创造良好体验的原动力。没有人不想买到自己心仪的产品，因此用户需要精挑细选来确定哪件产品最合适。企业要让用户在挑选的过程中锁定产品，这既需要产品本身的质量，也需要企业送去的服务。也就是说，企业只有给用户提供了极致的体验，用户才会在千百种产品中锁定企业的品牌产品。

5.5.1 将产品的核心功能做到极致

想要用户从产品中得到完美的体验，其前提就是把产品的核心功能做到极致。任何一款产品都应该有其核心功能，不能胡子眉毛一把抓。很多品牌的企业认为，产品包含的功能越多，对用户的吸引力就越大。但是这样的产品，除非企业实力雄厚，否则很难顾全每个功能的体验。同时用户可能会因为某个功能不完美的体验，而对产品产生厌烦感。因此，对于资金实力不够雄厚的初创品牌，与其追求高大全，不如追求小而精，把产品的核心功能做出色。

1. 找到产品核心功能，持续放大

如果想让用户感受到产品不一样的极致体验，最重要的就是找到产品的核心价值，然后将其无限放大，最后达到核心功能占据主流，引领用户的效果。

例如简书，简书的成功就是懂得把自己产品的核心功能无限放大。简书的核心功能是写作与阅读，通过 Markdown 模式提高写作体验，通过种类丰富的专题提高用户的可阅读型。

针对移动端适用场景，持续优化并完成核心功能的适用体验，围绕核心的阅读、写作功能进行相关功能的完善，简书为此开放了专题的管理，用户可以自己建立专题并自行维护（见图 5-21）。同时，专题官方主编也对用户开放，根据专题类比建立对应的用户社群，围绕用户打造意见领袖以及忠诚用户。

图 5–21　简书的专题页面

2. 找到核心功能所体现的价值

这个时代信息的准确获取对用户来说越来越重要。在用户过滤垃圾信息之前，企业能不能为用户提供更加优质的信息？对于品牌而言，如何通过产品将信息更准确地传递给用户，那就是对核心功能的把握。这个把握可以从核心功能所体现的价值入手（见图 5–22）。只有产品的核心功能体现了以下三个价值，用户才能从产品上得到极致的体验。

图 5–22　产品核心功能所体现的三大价值

比如一直播，一直播的核心功能就是直播。它的这个核心功能就完全拥有了图中所述的三大价值。一直播上线后，就邀请了众多明星进行直播，利用明星加持自己的核心功能。明星的到来自然提升了一直播的用户使用率；在以往，用户得到信息，一般是通过文字、图片，但直播却可以让用户直接从视频中获取信息，而且更具时效性；直播功能解决了用户想要获得更真实信息的需求。

5.5.2 减法设计等于良好体验

对于功能广而全的产品，在使用时有一个很大的弊端，就是过于复杂，不利于便捷操作。在如今什么都讲究快速的时代，复杂的产品显然不符合用户的使用体验。因此，优秀的品牌在设计产品时，已经摒弃了大而全，进而追求小而精，而完成小而精的追求条件就是给产品做减法设计。那么，该如何给产品做减法呢？我们可以按照以下四个步骤进行（见图5–23）。

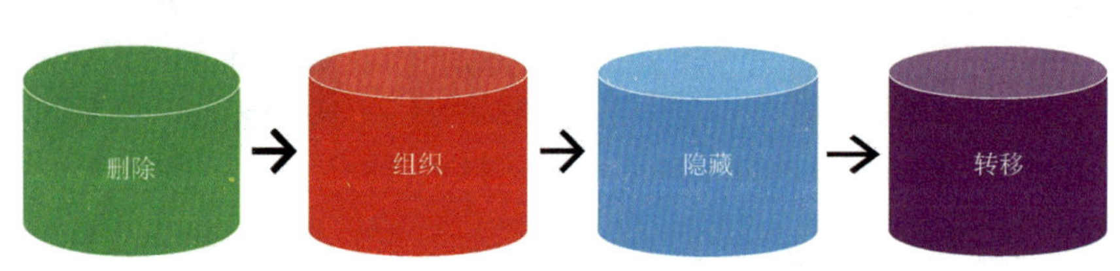

图 5–23　品牌产品做减法的四种方式

如何给产品做减法设计？我们以简化一个音乐 APP 产品为例子。

1. 删除

就是去掉 APP 上不必要的操作步骤，直到不能再减。

2. 组织

按照有意义的标准将操作步骤分类，比如把“酷我音乐”分为听、看、唱三大类，用户只需根据自己的需要点击相关部分即可（见图 5–24）。

3. 隐藏

把那些不是最重要的操作隐藏起来，避免分散用户的注意力，如酷我音乐把皮肤中心、会员中心、听歌识曲等诸多与音乐无关，但与产品体验有关的操作放置到登录中心处，有效避免了用户因过多的功能操作而分心（见图 5–25）。

图 5–24　酷我音乐的组织功能“听、看、唱”

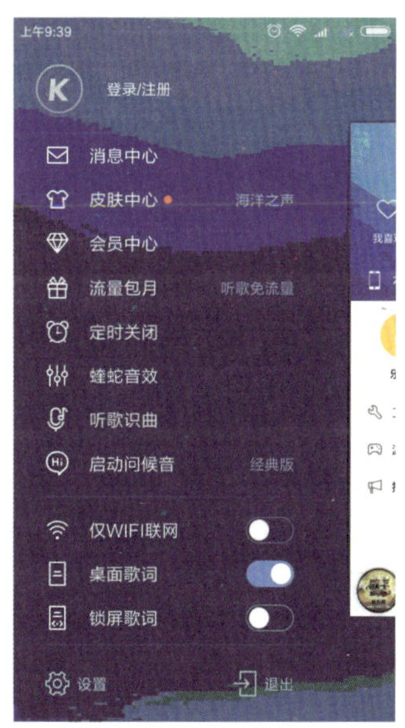

图 5–25　酷我音乐的“登录页面”

4. 转移

只保留最基本的功能在产品首页上，其他的都转移到登录页面的菜单里，从而将功能操作的复杂性转移到其他地方。

企业在打造产品时，可以根据打造音乐 APP 的四种方法为自己的产品做减法，让自己的产品简洁却又不简单。

CHAPTER 6

文案策划：别在几秒钟里自顾自狂欢

6.1 品牌调性决定文案风格

品牌调性如何决定了品牌的文案风格，那么什么是品牌调性呢？品牌调性是指品牌在市场中所运用的独有的语言识别，主要内容包括品牌核心价值定义阐释、品牌价值诉求、品牌标识语、品牌故事等。简单来讲，如果企业的品牌调性是文艺范，那么文案风格也要文艺范；如果企业的品牌调性是青春活泼的，那么文案也要青春活泼。

6.1.1 见文知品牌

如果把品牌比作一个形象化的人，那么品牌调性就是这个人的性格，而文案就是这个人的语言风格。如果他是一个幽默风趣的人，那么他的语言就总能让人发笑；如果他是一个成熟稳重的人，那么他的建议多数都会被采纳。所以，在写文案时，不要想着自己要展现什么风格的文案，而要先想一想自己的品牌调性如何，然后根据品牌调性决定文案风格。否则，就像一个幽默风趣的人说出一些深沉的话，成熟稳重的人却说出一些搞笑的话，让人感觉别扭。

文案调性是品牌调性的主要展现之一，因此要做到见文知品牌。也就是说，受众可以直接通过文案就了解到品牌的调性。一篇好文案，总是能让人从文中知晓品牌调性、产品属性、受众的类型。

比如提起可口可乐，它的品牌调性是青春、健康、活力（见图 6-

图 6-1　可口可乐的广告

1)。因此，可口可乐每次出的广告片和广告文案都是围绕这三个调性展开，其目标用户也是年轻群体。

6.1.2 文案也有自己的调性

文案风格是基于品牌调性而言的，但其实文案也有属于自己的调性。对文案的调性进行精炼，可以得出三个关键词：清晰、鲜活、有性格(见图 6-2)。

图 6-2 品牌调性三大要素

1. 清晰

文案要清晰地展现出品牌的风格，清晰地为产品塑造潜在用户的形象。那么文案就要先做好以下三个方面的工作。首先，延续与巩固品牌在用户心中的认知度；其次，准确覆盖与把握品牌用户的类型以及心态变化；最后，清楚表达品牌产品的功能属性。

2. 鲜活

鲜活，也就是文案要表现出生命力。每个品牌都是一个生命，文案就需要把品牌的生命力表现出来，让用户能够清楚地感知到品牌的形象。而不是死气沉沉，激不起一丝水花。

3. 有性格

每个人都有每个人的性格，如幽默、稳重、犀利等，文案也是如此。文案也要展现出品牌的个性，这一点可以和第二因素结合起来，就是鲜活有性格。将品牌调性鲜活地表达出来，让文字表现自己独特的个性。就像安东尼的文章从来不加标点符号，韩寒的言辞总是一针见血。

图 6-3　支付宝的文案风格

杜蕾斯的文案就是以幽默见长；支付宝的广告是以逗趣恶搞见长（见图 6-3）；360 的文案风格则带着点自嘲。

企业需要明白一点，品牌调性不是一蹴而就的，因此文案的风格也需要时间的打磨和积累。文案不是品牌调性的决策者，但却是品牌调性的稳固者。

6.2 钻进用户心底做文案

钻进用户心底做文案？其实，很好理解，就是站在用户的角度去思考，洞察他们的需求，给他们想要的东西，而不是以品牌的角度、以品牌的喜好、以品牌的需求去创作文案。

6.2.1 文案要有洞察力

洞察，这个词非常奇妙，就像是钻进用户的心底，发现用户心底的秘密。这放在文案创作上，洞察是否到位就看其是否能激起用户的三重反应：第一重“啊！你怎么会知道”的惊讶；第二重“我也有这种感觉”的强烈共鸣；第三重“这么多品牌，只有你最懂我”的认可。

也就是品牌的文案只有碰到了 G 点才能算是赢。按照这个标准来衡量，90%的情感诉求文案都没有做到合格的洞察。比如，卖车——豪华尊贵成功人士；卖化妆品——我更美我更自信……面对这种文案，用户看一眼的兴趣都没有。而有洞察的文案，能吸引住用户的眼球，让用户陷入思考。

例如一个微信大号管读会的文案就有非常强的洞察力。管读会的定位是针对管理人员，因此，他所推出的所有文案都是针对管理的。2016 年 12 月 21 日，管读会推出的一篇宣传《高效工作法》书籍的文案，文案的名字是：“你为什么工作起来总很辛苦？”这篇文案直接戳中了一二线白

（高效工作法）为什么你工作起来总很辛苦

2016-12-21 管读会

要聪明地工作，而不是辛苦地工作。聪明地工作，需要你找方法，找省时省力省钱的技巧，从而大大提高你的工作效率，让你轻松应对繁杂的工作；辛苦地工作，则是埋头苦干，不求效率，只求付出时间和精力。很显然，聪明地工作才是企业最需要的，聪明工作的人才能成为高效能人士，聪明工作的企业才能成为出类拔萃的企业。

图 6–4 管读会的文案

领人士的痛点（见图 6–4）。工作没有激情、工作很辛苦、每天都要加班、对工作产生倦怠感，这是白领们的痛点。管读会的这篇文案洞察了这些痛点，直接在文案中指出“你为什么工作起来总很辛苦，因为你不懂聪明的工作，不懂找方法找技巧高效地工作”，简单明了，但却极有效果。

6.2.2 获得洞察力的方法

如何才能钻进用户的心底，洞察用户心底的秘密，写出能激起他们转发、分享的文案呢？企业可以参考以下几种方法进行（见图 6–5）。

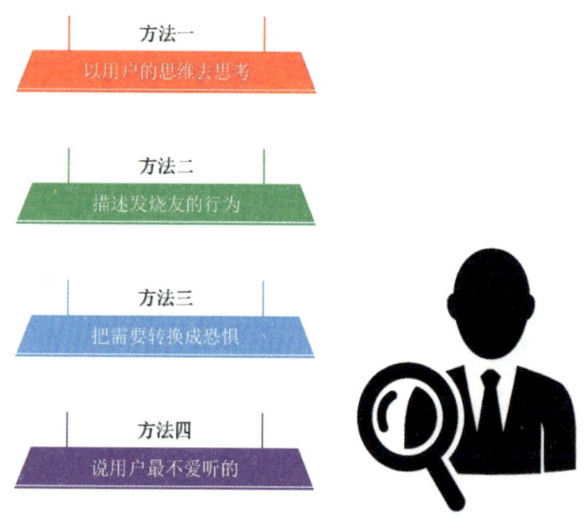

图 6–5 获得洞察力的四种方法

1. 以用户的思维去思考

现在是一个多元化的社会，用户的想法千奇百怪，企业需要放下身段，充分地尊重用户的想法。就算用户喜欢臭豆腐、榴莲味的牙膏，即使你不喜欢，也要理解他。只有这

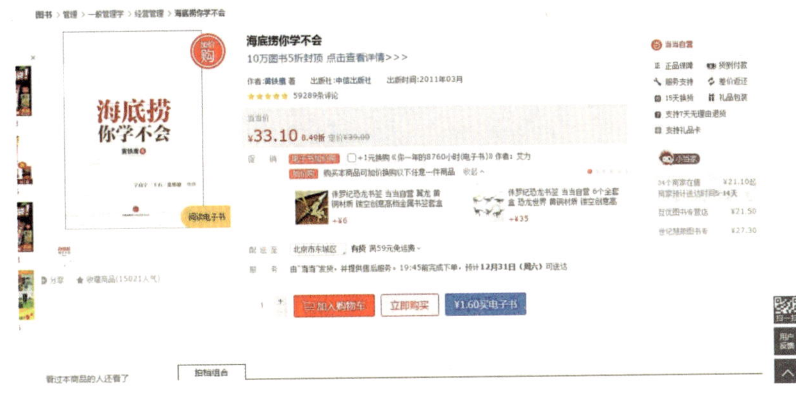

图 6–6 《海底捞你学不会》

样，用户才会觉得你和他是站在同一条线上，文案的情感诉求才能被用户认可。

2. 描述发烧友的行为

无论是什么样的品牌，都有一群发烧友，就像小米手机一样。这类人群对该品牌的产品有着非同寻常的痴迷，有着非同寻常的专业。企业可以在文案中描述他们的特质，打动发烧友，然后通过这群意见领袖去影响小白用户。

3. 把需要转换成恐惧

就像《海底捞你学不会》这本书，作者就是把用户的需要转换成恐惧（见图 6–6）。人类是一种恐惧动物，做餐饮业的管理者，想学习海底捞的服务模式，但害怕自己学不会；一些培训机构的文案“学芭蕾的孩子不会学坏”“学英语的孩子不用担心高考”，都是利用用户的恐惧心理来做文案。企业要洞察目标用户的恐惧心理，了解他们到底在恐惧什么，然后把这种恐惧体现在文案中。

4. 说用户最不爱听的

什么品牌敢说出用户最不爱听的？比如阿迪达斯就敢。阿迪达斯的“太不巧”广告的文案就是“太粉了、太粗放、太放肆、太浮夸、太假、太呆……”（见图 6-7）。这支广告特别能打动 80 后、90 后的用户。“太”字 80 后、90 后的用户从小就听它，男孩子打个耳钉，“太像女孩子”；大学志愿填个历史学，“太冷门”；染个头发颜色，“太不端庄”……这些话都是从长辈中说出。但是这类用户只想说一句“太不巧，这就是我，这是我的人生”。因此，阿迪达斯的广告文案才敢说出用户最不想听的，因为它洞察了 80 后、90 后的用户心理。

图 6-7　阿迪达斯广告文案“太不巧，这就是我”

6.3 说人话，说人话，还是说人话

企业常常面临这样一个困扰：“文案写得很好，点击率也很高，但就是没有转化率，不能为自己的品牌带来实质的效益。”这是什么原因呢？其实原因很简单，就是这些文案的表达不能戳中用户的痛点。直白

地说，就是这些文案没有说人话。

6.3.1 文案不是文学

很多文案的策划者都是文科出身，因此，在写文案时把文案当作文学作品，用词高雅、唯美、文艺，喜欢玩一些文字游戏。但是文字游戏在没有特定的情景设计下，都是不需要的，因为用户看不懂，更不明白它和品牌产品之间有什么联系。

文案不是文学，文案面对的对象也不是喜爱阅读的读者，而是只关注品牌和产品的用户。因此，他们在看文案时，也不是看文案存在着多高的艺术价值、有多精炼独到的文笔、有多迭宕起伏的情节、多精妙的布局，他们需要的只有一点，就是从这篇文案中获得有关品牌与产品的信息，这些信息能否解决他们的痛点。

因此，即使整篇文案没有任何的艺术感可言，只要能够解决他们的痛点，满足他们的需要，就是好文案。

例如聚美优品的一篇文案《喂！痘花妹，祛痘其实没有你想象的那么难》（见图 6-8），看看这个文案是否为一篇好文案，是否说了人话。

首先，从标题角度入手。这篇文案的标题有艺术性吗？一看就知道没有。但是，它却为聚美优品带来了实质的价

喂！痘花妹，祛痘其实没有你想象的那么难！

2016-03-11 聚美公社

曾几何时，在小编还不知"青春痘"为何物的时候，就听到电视里的美少女们在唱哼"只留青春不留痘"，青春痘是什么鬼？那时天真的我并不以为然。

后来，后来…没想到，战痘竟成了我整个青春期的痛苦事业and回忆(此处应有抽泣声)。

痘痘必然是我们美丽征途上的头号大敌。但是你们要知道，你不是一个人在战痘！

刘诗诗、baby、井宝、杨洋等等等你们喜欢的男神女神和你们都是同一个战壕的战友呢。

图 6–8　聚美优品的文案

值——产品销量的增长。原因就是它说了人话，直接戳中了目标用户的痛点。有不少人为自己脸上的痘痘烦恼，用尽各种办法也祛不了痘痘。对于这类人群来说，祛痘是他们一直难以解决的问题。这篇文案的标题直接告诉他们，祛痘没有那么难。一句直白、简单的话就直接戳中了他们的痛点，提高了他们的购买欲。

其次，从内容的角度入手。我们纵观整个文案内容，更是通篇大白话，直接介绍了各种产品对祛痘的作用（见图 6–9）。虽然简单直接，但用户要的就是这些为他们解决痛点的方法，而不是一篇媲美《红楼梦》的文学艺术品。写得再好又如何，不能解决他们痛点的文案，在用户眼中都没有任何价值性可言。

图 6–9　对祛痘产品的介绍文案

6.3.2 四招让你的文案说人话

不要把文案当作文学作品进行创造，那么，品牌如何才能创作出说人话的文案呢？

第一招：制造反差

好的文案就像是一个有趣的人，这种人往往能够制造出极大的反差感，比如通过指出生活中的矛盾现象，引发别人的好奇心。

支付宝微信公众号在宣传自己添加了一个异地续签 109 城港澳通行证的功能。这篇文案就很好地利用了反差效果。首先，它先点名有 109 座城市可办理此功能；然后，再说明后续会增加更多的城市；最后，请求用户再给他们一些时间，支付宝绝对会以用户为优先。

图 6-10　支付宝文案内容

此时，支付宝用一句话把反差点名：“你看这次就‘非常完美’地避开了大北京以及江浙沪包邮区，你想想此时的我，坐在公司里，但是却用不了自家的服务，心酸不心酸（见图 6-10）。”

一句简单的话制造了两个反差

点。第一个，小城市有的服务，一线大城市居然没有，以往支付宝有任何功能都是一线城市优先。第二个，支付宝的员工用自家的服务是顺理成章，且更加简单，但居然用不了。看到这，用户肯定会觉得特别诧异和好奇，去看城市名单，居然真的没有北京和江浙沪，从而对支付宝的新功能印象更加深刻。

第二招：树立共同的敌人

说人话的文案有两个特点：一是会鲜明地反对某种不合理的现象；二是与用户站在一起。这很好理解，就是文案的出发点是用户，其立场、考虑的利益点都是以用户的角度，而不是企业的角度。这么做的目的是让用户看了之后，觉得该文案是与自己站在同一阵线的，而不是拿了企业利益为企业做夸张、虚假宣传的。

第三招：帮别人表达

文案应该想办法表达出用户本来就想表达的观点，这样不但能获得用户的认同，还可以让用户感到你确实和我想到一处去了，我就是需要这个。为什么要这么做？因为用户有时有这个需要，但是却不知道如何表达，因此这个需求就被淹没了。企业如果抓住了用户的需求，帮他表达出来，用户就会感觉："对啊，这样就简单多了，以前真的很麻烦！"此时，用户的购买欲或许就会被激发出来。

比如支付宝的一个公众号文案《努力很辛苦，但偷懒真的好舒服》，它就把用户一直存在的但又不知道如何表达的痛点表达了出来。给好友支付宝转账，对方回复支付账号信息后，用户还需要把账号单独复制出来，再粘贴进去，多了很多个步骤，真的非常麻烦。支付宝不但帮助用户把痛点表达了出来，还告诉了用户解决的办法（见图 6-11）。用户看到后，就会去支付宝试试，是否真的如支付宝文案中所说的那样。如此，支付宝的使用率和体验感又得到了进一步的提升。

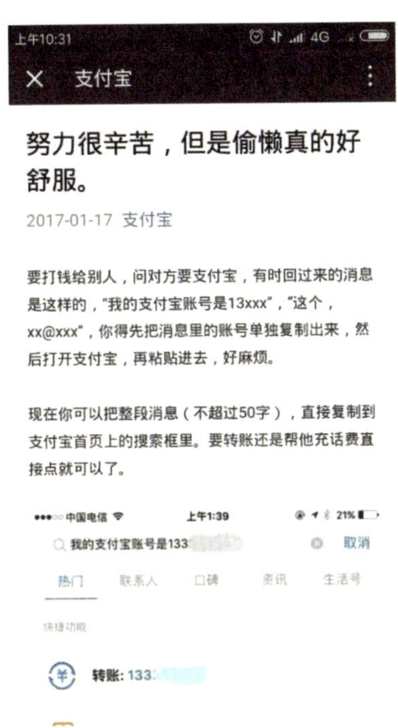
上午10:31

支付宝

努力很辛苦，但是偷懒真的好舒服。

2017-01-17 支付宝

要打钱给别人，问对方要支付宝，有时回过来的消息是这样的，“我的支付宝账号是13xxx”，“这个，xx@xxx”，你得先把消息里的账号单独复制出来，然后打开支付宝，再粘贴进去，好麻烦。

现在你可以把整段消息（不超过50字），直接复制到支付宝首页上的搜索框里。要转账还是帮他充话费直接点就可以了。

图 6-11 支付宝《努力很辛苦，但是偷懒真的好舒服》文案内容

第四招：告诉用户能拥有什么，而不是自己有什么

文案一定还要注意一点，就是告诉用户他能得到什么，而不是你有什么。与其说“我们有世界顶尖的技术，能提供一流的服务”，还不如说

“你能拥有世界顶尖技术带给你的一流服务”。人总是更关心自己，所以，文案要告诉用户，使用了企业的产品后，用户能得到什么。

比如说某款即时通讯软件的介绍“新增视频美化功能”。这句文案的主语是“我们新增了视频美化功能”。用户听到这句话时的反应肯定很冷淡：“哦，那和我有什么关系呢？”

如果换一种说法：“新增的美化功能可以让你变得更美更漂亮，让你的皮肤美，人更瘦。”此时，用户就会从“哦，和我有什么关系呢”变成“哇，真的啊，那我可以毫无顾忌地和好友视频了，卸了妆也没关系”。这就是站在用户的立场，告诉他们这和用户是相关的。

6.4 滚蛋吧！品牌文案中的无用君

很多品牌的文案充斥着很多没有价值的信息，就是因为这些无用的信息，品牌的文案才不起作用。那么，如何才能让品牌文案中的无聊信息滚蛋呢？

6.4.1 价值文案信息的创作方法

创作有价值的文案信息，一般分为四个步骤（见图 6-12）。

1. 明确文案写作的目的

文案写作的常见目的一般有三种，分别是表达情怀、制造传播、销售引流。品牌在创作文案时，需明确其中的一个目的。苹果手机的匠心精神，锤子手机的认真，都是情怀，是属于品牌层面的作用；制造传播就是指文案的内容具有轰动性。

比如神州专车的一次对撕 Uber 的文案，很多用户看了这个文案都给了不少吐槽。但是从公关层面来说，这个文案引起了大面积的传播与讨论。因此，不管内容如何，这个文案的信息就是有价值的，就是成功的（见图 6-13）。

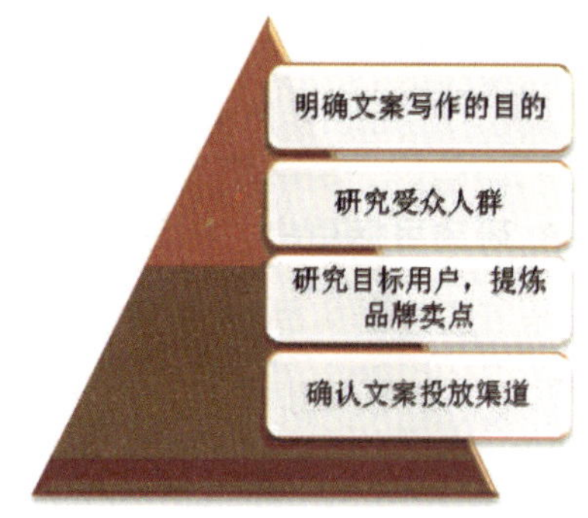

图 6-12　价值文案的四个步骤

图 6-13　神州对撕 Uber

2. 研究受众人群

文案的目标受众是谁？这是写文案之前必须要明确的，因为这样才能写出符合用户喜好的文案。比如用户是男是女，什么文化水平，收入水平如何，偏好是什么，一般是通过什么途径获取信息。

3. 研究目标用户，提炼品牌卖点

通过研究品牌的目标用户特征来提炼品牌的卖点，比如说用户的经济收入较低，那么就可以主打价格实惠的卖点。

4. 确认文案投放渠道

通过研究目标用户一般通过哪些媒体渠道获取信息，按照其比例的大小来投放文案。投放广告时需注意，投放渠道不同，文案的呈现形式也不同。比如现在有很多品牌喜欢在微博上投放文案。

6.4.2 文案创作三大法则

想要让自己的文案有价值，那么就要掌握文案的创造法则。以下法则可以让品牌文案避免出现过多的无用信息（见图 6–14）。

图 6–14　文案创作三大法则

1. 记述+评价+规范

文字信息可以分为三个类型，分别是记述、评价、规范。规范就是

文案应该怎么样，不应该怎么样。

通过一个微信内容运营团队的案例来理解：内容团队有 9 名工作人员，这是属于记述的部分；好的文案就需要表达出来，工作人员能力很强，写的内容很好，这是属于评价的部分。但是没有事实依据谁信呢？那么，文案就要给出事实依据。接着想学内容营销，就应该去这个微信公众号买课程，这是属于规范的部分，但是用户凭什么去呢？你给用户去的理由了吗？

2. 数字说话+结果展示

比如一个电脑显示器支架的文案，文案的表达主题是节省空间。那么这个文案就可以这样展示，左边说用了显示器支架，桌面更宽敞了。那到底宽敞多少呢？那右边就可以给出确定的数据，然后告诉用户省下来的空间对你有什么好处。

3. FAB 法则：属性+作用+好处

其实这个法则很容易理解，就是品牌有什么属性（Feature）；这个属性有什么作用（Advantage）；这个作用对用户有什么好处（Benefit）。文案只要把这三点展示出来，就能触动用户的购买欲望。

品牌的文案之所以会充斥那么多无用的信息，就是因为品牌没有掌握好文案创作的技巧。因此，要想让文案的信息变得有价值，以上所述的技巧是必须掌握的。

6.5 文案 6+1，6 个步骤加 1 个原则

“好文案这么多，为什么偏偏不是我写的？”也许这是很多企业的共同心声。其实，要写一个优秀的文案很简单，它不需要多华丽的语言，多跌宕起伏的情节，也无需多巧妙的结果。只要掌握了 6 个步骤和 1 个原则，企业的文案自然能提升一个新高度，实现品牌高效传播的目的。

6.5.1 6 个步骤

我们先来了解这 6 个步骤都包括了什么内容（见图 6–15）？

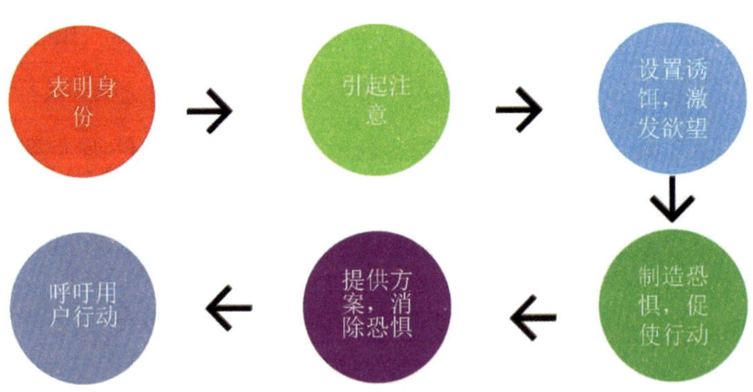

图 6–15　文案写作中的 6 个步骤

1. 表明身份

企业在试图通过文案得到用户的关注之前，一定要先回答用户心理的疑问："你是谁？你为什么和我说话？"

每个品牌都在争取用户的注意，而直接表明身份可以让文案脱颖而出，否则就像我们邮箱中经常收到的垃圾邮件：你不知道我们是谁，但我们想卖给你一些东西。这就是为什么垃圾邮件没人读，被直接放到垃圾箱的原因。

文案一定要避免这一点，要像写信一样，在开头就用一些简单的文字，知道是谁给他写这封信，那么用户打开这封信的比例就会提高很多。

除此之外，还要尽可能地描述企业给用户写"信"的原因，比如说一些电商网站的文案。就会写因为"双十一"马上就要来了，给用户提供了很多优惠。那么，有"双十一"购买需求的用户就会仔细阅读这个文案，看看企业到底能给他提供什么样的优惠。

2. 引起注意

品牌的文案一旦建立起上下文，那么就能继续抓住用户的注意了。吸引用户注意的方法有很多，比如通过标题、内容、各种营销手法。这些细节我们不一一展示，不过无论使用什么手段，品牌必须要保证能引起用户的注意。

3. 设置诱饵，激发欲望

当前的营销市场有这么一个现象：即使品牌的文案引起了用户的注意，他们的注意力也不会持续很长时间。有人说是 1 分钟，有人说是 15

双12的1个重要信息

2016-12-09 支付宝

从明天开始，持续三天的"支付宝口碑双12全球狂欢节"商家优惠力度到底是咋样的？全都随机立减吗？全都5折吗？

不同商家会提供满返代金券和优惠券、满减、随机立减、抽奖、折扣等不同形式的优惠，并不是所有商家都会随机立减或者直接打折，具体优惠大家可以向店家咨询了解。这里先为大家罗列部分信息。早点休息，我们明天见啦~

支付宝口碑双12全球狂欢节
部分商家优惠信息

场景	部分商家	优惠信息
	肯德基	12月10日全场7折（12元封顶），满50返25元券礼包；12月10日-12日生日用户在活动期间（12月10日-12日）到店享1212生日桶5折
	麦当劳	12月10日满10减5元，可叠加使用5元麦辣鸡腿堡优惠券，优惠券即日起至12月12日在门店扫码领取或从口碑店铺页内领取
	必胜客	12月10日满100返100，12月7日-9日大牌快抢半价券，限定12.11-12.12可用
	外婆家	12月10日满100返100（代金券）
	西贝	12月10日满100返100（代金券）
	小肥羊	12月10日满100返100+满100立减50
	东方既白	12月10日满10减5元

图 6–16 《"双十二"的 1 个重要信息》

秒，但后者居多。那么品牌如何在这 15 秒的时间内，让用户对企业的品牌产生欲望，并让这种欲望持续呢？那么就要给用户设置一个诱饵。

这个诱饵该如何设置呢？我们通过支付宝的一个文案来了解一下。《"双十二"的 1 个重要信息》，文章标题就引起用户的注意了（见图 6–16）。"双十二"和"双十一"一样，也是商家大打折扣，用户狂买的季节。引起用户的注意后，该文案设置了一个诱饵让用户继续读下去："并不是所有的商家都会随机立减或者直接打折，我们先给大家罗列一些信息。"支付宝用与用户切身相关的利益作为诱饵，让用户继续读下去，去了解那些商家所提供的消息。几句话，15 秒的时间就成功留住了用户的注意，让用户关注的时间无限拉长。

4. 制造恐惧，促使行动

当品牌的文案成功引起了用户的注意，勾起了欲望，那么此时品牌就要开始说服他们采取行动了。你的文案要告诉用户，如果现在不立即采取行动，那么后果是什么。

品牌可以在文案中加入："如果什么都不改变，那将意味着什么？"

用这样的询问方式引出答案，切记，答案一定要能引起用户强烈的情绪。这样，用户的行动才能被情绪所驱动。

5. 提供方案，消除恐惧

企业不能让用户一直处在恐惧的状态中，一旦制造了恐惧情绪，就要迅速过度到你的解决方案中。这个解决方案要在文案中详细地展示出来，让用户看到自己的痛点能被彻底解决，平复用户因文案而造成的恐惧。

比如《嘉人美妆》的一个有关手的文案《女神你长得那么美，可是你那里好丑哦！》（见图 6-17），通过介绍几个当红女明星的手来引起用户的好奇，然后再举例几个反面例子，让用户产生我就是那个反面例子的恐惧心理，最后给出了具休的解决方案“如何避免手指长残”，手部皮肤粗糙如何解决、手部皮肤暗沉如何解决、指甲形状不完美如何解决……造成了用户的心理落差后，再给出解决问题的方案，用户自然就会按照《嘉人美妆》提供的方案去行动（见图6-18）。

图 6-17　嘉人美妆《女神你长得那么美，可是你那里好丑哦！》

6. 呼吁用户行动

品牌撰写文案的最终目的就是让用户采取行动，此时品牌需要做两件事情。一是当用户阅读完毕，应该让他们立即采取行动，而不是让他们再通过重新访问网站；二是明确告诉用户让他们采取行动，而不是和他们绕圈子。

6.5.2 1 个原则：诚信

写好文案除了掌握 6 个步骤外，还要牢记 1 个原则：诚信，这是 6+1 模式中的下一步。诚信是取得用户信任的关键。如果用户不相信品牌，即使你的文案做得再出色，前面的 6 个步骤运用得再完美，用户也不会被你的文案所吸引，按照文案中的指示去做。

其实，这很容易理解，就是文案中的内容不是虚构的、是符合常理的、是被社会证明过的、是有专业性的（见图 6-19）。

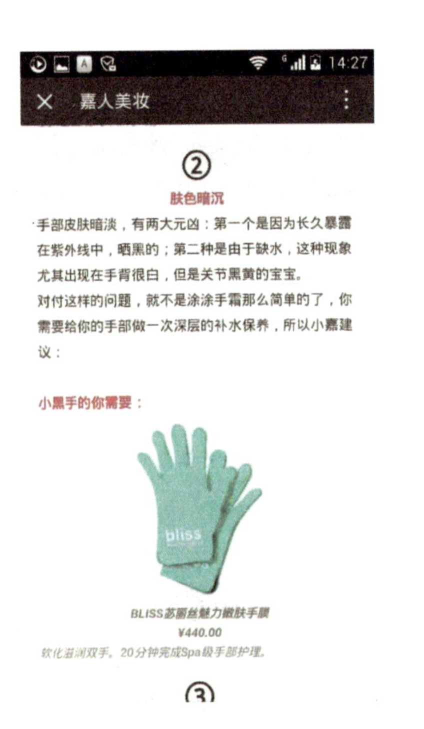

图 6-18 “嘉人美妆”的文案内容

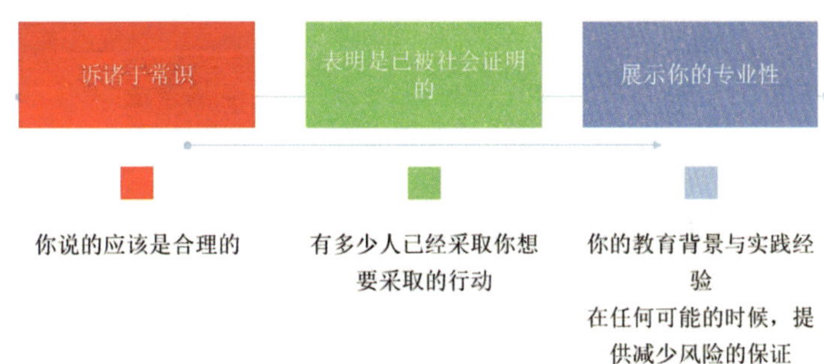

图 6-20　文案展示的界面元素

这个原则，需要品牌在文案中的每一步、每一条信息中都体现出来，贯穿始终。只有这样才能建立用户对你的信任。

6.6 文案细节决定文案质量

文案既能一语定江山，也能微处显力量。所以，不要小看文案的细节处，哪怕是一个字、一张图片都可能使你的文案焕发出不一样的光彩，让你的品牌得到进一步的传播。

6.6.1 注意界面问题

界面是用户第一眼看到的，因此一定要注意界面的问题。如果品牌想要强化它们，需要考虑到以下几点（见图 6-20）。反之，如果这些元素影响了界面的美观，就可以将之弱化。

例如知名 PPT 培训品牌的公众号文案，它的文案就非常注意界面问题。我们从下图（见图 6-21）就可以看出它的大小、颜色、留白都非常清

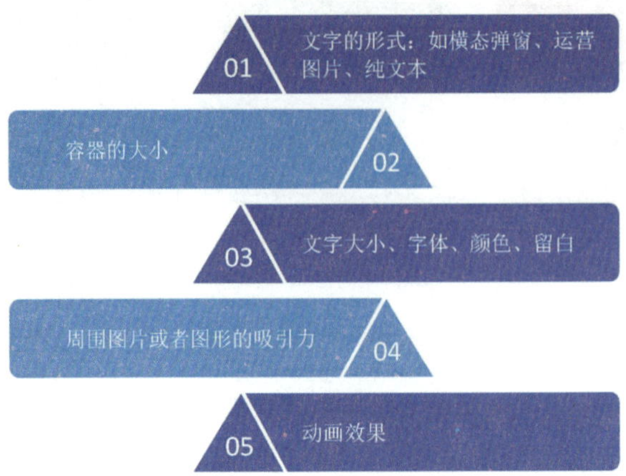

图 6–19　文案 6+1 模式“信誉”的具体内容

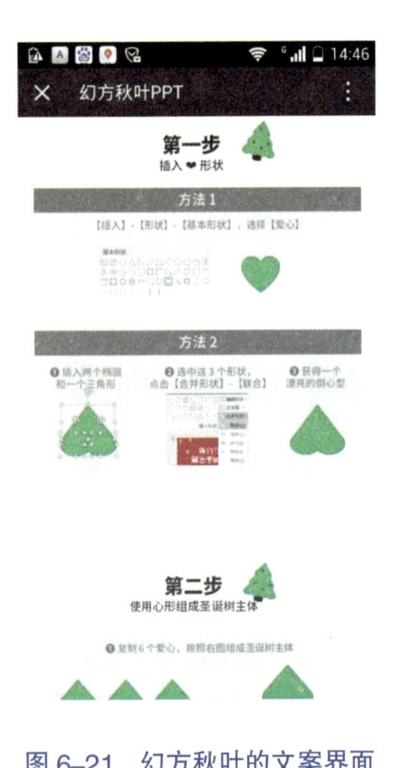

图 6–21　幻方秋叶的文案界面

晰，并且有自己的特色。文字不是很多，主要以图片的形式做展示，而且每个具体方法都在图片中清楚地展示出来，让用户一看就懂。

6.6.2 理解界面的前提是说人话

理解界面文案，这是最基础的要求，每个做文案的人都知道。但有的时候，品牌为了美化页面或者依据现成的 UI 规范，制订了不合适的方案。那么，就需要和视觉设计师交流达成共识，是否可以更改文案方案。一般遇到不合适的方案就是没有说人话，具体的情况分为以下三类（见图 6–22）。

图 6–22　文案不合适的三种情况

人们在理解信息时，有一个前置步骤，就是吸收信息。为保证用户能吸收，就要减少信息接收的量，减少文字的字数，以此减少用户的吸收负担。

具体的操作方法：写出品牌想要表达意思的所有句子，在保证表达完整和无歧义的前提条件下，一个字一个字地尝试删减，直到无法删减。

比如某茶品牌的微信公众号宣传文案《茶有三生，三生有幸因有茶》的文案就太过文艺（见图 6–23），用户到你这是来买茶的，而不是来看茶的三生三世。

图 6–23　某茶叶品牌的宣传

整篇文案都在讲一些与用户没有帮助的信息。如果是一篇纯粹的欣赏性文章，这篇文章再出色不过，但如果是用来做宣传软文则不太合适。

6.6.3 考虑实际中的边界问题

企业的文案会呈现在各种各样的界面上，特别是在互联网上进行宣传时。因此在进行方案设计时，需要多和他人沟通，列出所有的展示情况。比如每次的操作情况，看看不同屏幕下是否会因为间距变化，而导致文案表述有问题。

6.6.4 引导用户

文案是否能让用户产生预期的行为，会受到很多因素的影响，文案就是其中主要因素之一。强化用户的行为可以按照以下 3 个方法进行（见图 6–24）。

图 6–24　文案中强化用户行为的 3 个方法

图中呈现的 3 个方法，前面两点是基础。文案需要说清楚这是什么，有些东西说清楚了，感兴趣的用户就会进行预期的行为，第三点就是利用了用户的好奇心。

文案给用户的体验终究是一种对品牌的感性认知与经历，因此文案需要从用户最终的感受来检查自己的文案。

C H A P T E R 7

传播推广：打造感染力，让品牌疯传

7.1 打造视觉锤，传递品牌差异化信息

视觉锤是品牌定位中一个非常重要的理论，文字信息必须通过视觉才能让用户建立起有效的心智联想，可以说，视觉是承载品牌信息、进行品牌识别的最常用的方法。营销实践证明，视觉是决定用户购买的最大影响因素。好的品牌设计能够将品牌差异化信息完美地依附到色彩、图案以及形状上，给用户最直观的感受。

7.1.1 打造视觉锤的方法

视觉锤在品牌传播中的位置至关重要，那么品牌该如何打造一个具备传播推广效应的视觉形象呢？总的而言，可以归纳为以下5种（见图7-1）。

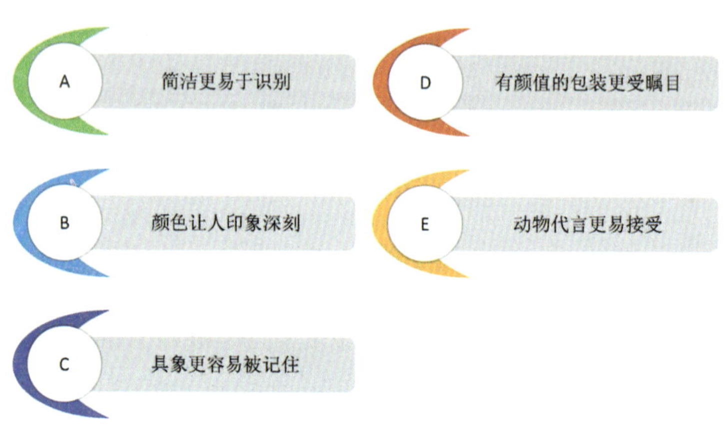

图 7-1　视觉锤打造的 5 种方法

1. 简洁更易于识别

成功品牌的LOGO都是非常简洁独特的，用户一眼就能看出它是哪个品牌。比如星巴克，星巴克一直对自己的LOGO设计做减法，因为简洁的品牌LOGO更易于人们记忆（见图7-2）。

图 7–2　星巴克品牌图案

2. 颜色让人印象深刻

颜色是人们识别品牌时第一眼看到的，人们对于颜色是非常敏感的。例如唯品会的品牌标志色是粉红色（见图 7–3)。唯品会之所以选择粉红色作为视觉元素，首先唯品会主要针对的是女性用户群，粉色是大部分女性的喜好；其次，大部分电商网站都是采取蓝色、红色或白色界面，几乎没有电商品牌采用粉红色，大面积地使用粉红色可以给品牌一个很好的认知度；最后，唯品会的标志色没有更换过，一直都是粉红色，这样可以加强用户对唯品会的品牌认知，让用户看到粉红色时，可以联想到唯品会的品牌标志色。

3. 具象更容易被记住

企业不能期望用户对你的品牌关注太久，就像狂街，对某些店铺的 LOGO 一扫而过，因此具象更容易被记住。

图 7–3　唯品会的标志色——粉红色

很多企业喜欢给自己的品牌设计抽象的LOGO，这是错误的。只有具象的LOGO才容易被记住。不管是文字还是图形，都要选择相对容易描述的具象，这样才容易被记住，容易形成口碑传播。我们去看那些较为成功的品牌，可以发现他们的LOGO都很具象，都容易被描述出来。

例如天猫的LOGO，我们知道是一只猫头；京东的LOGO，我们知道是一只小狗（见图7–4）；奥迪的LOGO，我们形容它是四个圈；奔驰的LOGO，我们形容的是圈里面住了个人。这些成功品牌的LOGO都是一句话就能被描述出来。用户看得懂，说得出来，也就更容易传播出去。

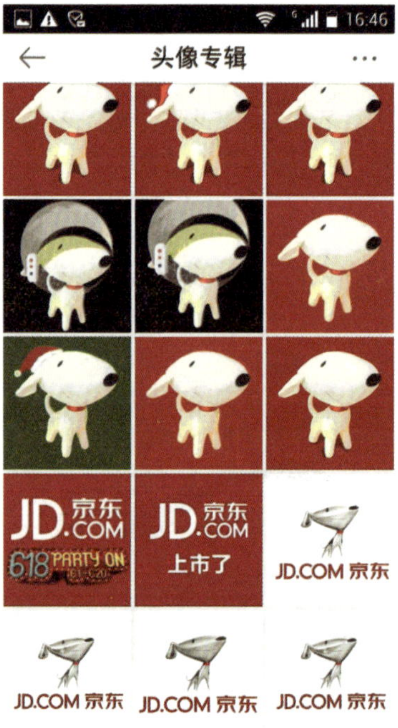

图7–4　京东的各种小狗图案

4. 有颜值的包装更受瞩目

人皆有爱美之心，对于美的事物都有情不自禁的喜爱。因此，企业应给自己的产品设计一个漂亮的包装，让用户更快地接受。这个颜值不单指包装设计的美观，还包括了包装设计的独特性，能体现品牌的特点。

比如CORONA，酒杯上有一片柠檬，很多用户都不知道怎么吃，这就是它的一个很特别的包装设计（见图7–5）。CORONA是进口排名前三的啤酒，品牌的定位是清爽，它的视觉特点是柠檬。该品牌就是通过在包装上设计的这个柠檬建立了品牌认知，成功进入了美国市场。

5. 动物代言更易接受

动物，特别是卡通化的动物形象一直都很受大众的欢迎，比如米老鼠、唐老鸭、多啦A梦等卡通形象。运用在品牌形象上也是如此，给企业的品牌设计一个动物卡通形象，让自己的品牌更加生动有活力，更加容易被传播。但需注意，要结合企业的品牌定位。如果企业的品牌定位不适合卡通形象，那就千万不要用。

图 7–5　CORONA 的包装设计

图 7–6　腾讯的企鹅形象

腾讯的品牌形象就是一只企鹅，胖乎乎圆嘟嘟的样子很受年轻用户的喜爱，现在用户已经把企鹅当作腾讯的代表，说到企鹅时，第一时间想到的就是腾讯（见图 7–6）。

7.1.2 如何找到品牌的视觉锤？

打造易于传播的视觉锤方法有很多，但并不是说每个视觉锤都适合自己的品牌。那么，企业该如何为自己的品牌找到适合的视觉锤元素呢？可以从以下两个方面入手。

1. 从定位出发

如果在目标受众的心智中占领了位置，也就代表着你的品牌完成了传递。如果品牌推出一段时间，还未进入用户心智，那么就要改变自己的方式。看看是否是自己的视觉锤设计与品牌的定位发生了冲突。

比如说，微信朋友圈的标志图案，是一个循环的圆圈。那么，用户在看到这个图案时，肯定是第一时间就想到了微信朋友圈。而且，这个图案呈现的循环状也与朋友群信息不断循环扩散的特色相一致（见图 7-7）。

2. 从感性出发

定位是理性的，传递是感性的，因此，你的品牌定位要越简单越好，用户无法接收太多的信息。也就是说，定位简单了，选择的视觉锤元素才能简单。越简单的视觉锤元素，越容易获得感性的传播方式，也是更加有效的表达。

图 7-7　朋友圈标志

品牌认知是一个识别加积累的过程，因此，视觉识别最忌讳的就是经常发生变化。品牌认定一个视觉元素后，就要长期坚持下去。表现的手法可以时常变化，但指向的识别元素必须要做到统一化与单一化。

7.2 简单+关联=过目不忘

面对信息爆炸的互联网，各种铺天盖地的品牌广告信息，如何让用户一眼就看到你，并记住你？这是各个企业都在关注的问题，也是各个企业迫不及待想解决的问题。

图 7–8 《美联臣婴儿针面膜滋每一寸干渴肌肤》

7.2.1 认知最省力原则：简短通俗

从心理学的角度来理解，用户在各种认知活动中，会努力减少或者避免大量能量与精力的投入，也就是认知最省力原则。根据这个心理状况，品牌在做推广宣传时，应尽量简短通俗。那么，如何才能让自己的品牌推广变得简短通俗呢？

1. 简化结构

从结构的角度来看，传统平面广告主要包括标题、副标题、广告正文、广告口号四个部分。在互联网广告中，需要考虑到尺寸的限制以及更好展现的需求，广告结构只分为两个部分：一是广告标题，二是广告描述，其余的组成部分以辅助信息出现。

按重要性原则，标题与品牌描述应予以突出关键信息，特别是广告标题，承担着吸引用户注意力的重任；品牌描述则负责详解产品与服务信息，在用户被标题吸引之后，及时地给予信息支持，让品牌真正打动用户。

例如美联臣的一篇微信宣传《美联臣婴儿针面膜滋宠每一寸干渴皮肤》（见图 7–8）。它的标题就直接突出了三个关键信息，“美联臣”突出的是品牌信息，“婴儿针面膜”突出的是产品信息，“干渴”突出的是产品的关键效用。对美联臣认可、对婴儿针面膜有需要、皮肤正处于干渴状态的用户来说，看到这个标题就会被吸引进去，然后点击。用户被标题吸

肯定很多人会问到：什么是PDRN婴儿针?什么是婴儿针?

顾名思义婴儿针就是让肌肤回到婴儿般的肌肤。

PDRN是人体皮肤与生俱来的物质，在婴幼儿时期，PDRN分泌量大，所以皮肤光滑、细腻、红润、丰满而有弹性。随着年龄的增长，尤其25岁后，EGF分泌逐年减少，细胞的新陈代谢逐年减弱，所以皮肤出现衰老、皱纹、干燥无光、易长色斑等现象。因此，只有及时补充PDRN这种表皮细胞生长因子来促进细胞再生，皮肤才会变得更年轻有活力。

图 7–9　软文中对产品的详细描述

引之后，自然会被文中详细的产品描述所吸引，然后促使购买行为的发生。从下图（见图 7–9）我们可以看到，美联臣对产品的描述很详细也很有吸引力。

2. 只选最重要的内容

不管品牌是以互联网媒体文案的形式还是传统电视广告的形式来做宣传，其内容应该表达品牌最想传递给用户的信息，信息量不宜过多。什么都想说的广告只会落下所有信息都被淹没、用户什么信息都没有接收到的结果。广告信息过多具体会造成以下三种情况（见图 7–10）。

图 7–10　信息量过多会造成的三种情况

3. 减少一切不必要的信息

广告不是拍电视剧，广告文案更不是写文章，要求情节人物样样不能少。广告语就需要通过最精炼的语言和最关键的词汇清晰地表达出自己所要传达的信息即可。因此精简广告最关键的一步删减广告语中不必要的信息。如果是文案，那么就要精简不必要的文字，主要包括（见图 7–11）：

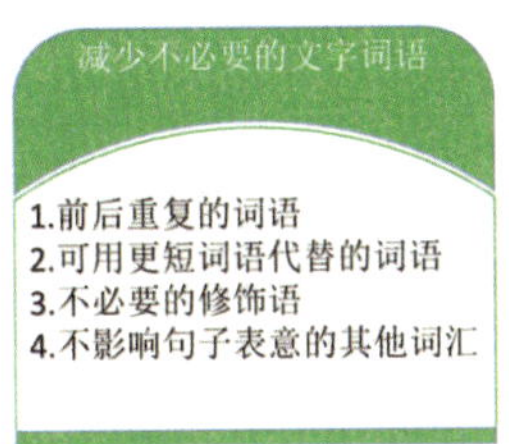

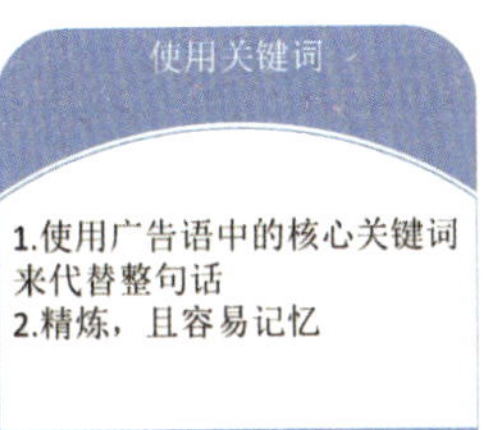

图 7–11　品牌广告文案的精简方法

7.2.2 认知联想力原则：看到什么想到什么

人们对于外界输入人脑信息的记忆储存方法，常常采用联想力原则，即把某种关系联系到一起。当人们看到、听到或者想起某词、某物、某场景时，与之相关联的信息也会随之回想起来。所以，品牌在做传播推广时，要把传播的内容与用户有印象的事物关联起来。

1. 对比联想：好广告就是没有广告

最好的广告就是让用户感觉不到这是一个广告，而是像在阅读一篇好文章，看一场好电影。除此之外，还有一种做法就是“让用户看不到广告”。

农夫山泉的广告就做到这一点，农夫山泉用拍摄纪录片的方式，进行了一次广告宣传，让用户在观看时，没有感觉到广告的存在，但又确实接收了广告信息。但这并不是它最亮眼的地方，亮点是农夫山泉此次的广告在优酷网站是可以选择关闭的（见图 7-12）。

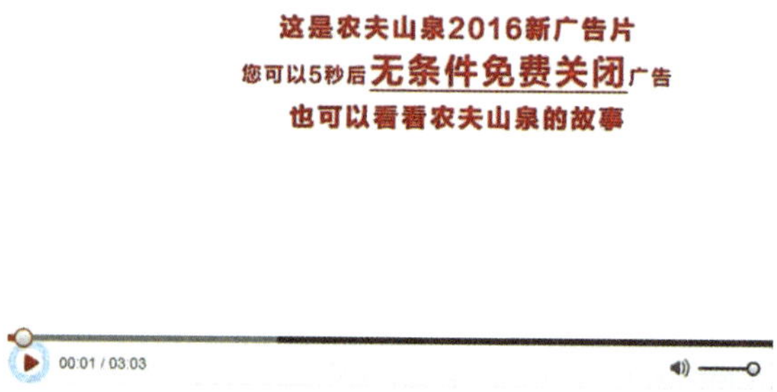

图 7-12　农夫山泉优酷可关闭广告

这种给用户选择的广告展现方式，与其他品牌的广告形成了极大的反差，获得了用户们的一致好评。这种“不打广告”的广告，相信每一个用户，再在视频网站上等待两分钟广告才能看片时，自然会联想到农夫山泉的良心广告。一个广告展现方式、一个按键，无关产品，就让用户们记住了品牌。

2. 相似联想：下意识行为关联广告

图 7–13　王老吉广告语

什么是相似联想？我们通过一个下意识的实验来理解。比如你是个对烟味敏感的人，如果你身边的人在抽烟，你的下意识动作是不是就是捂住口鼻？

品牌推广的相似联想也是如此。比如说王老吉的广告“怕上火，就喝王老吉”，因为长时间、大面积的广告宣传，让用户对王老吉有深刻的印象（见图 7–13）。因此，每当有人在吃饭时说“吃这个太上火了”，另外一个人就会下意识地说：“那拿瓶王老吉吧！”每次，我们在谈到上火的问题时，都会下意识地想到王老吉。

3. 符号联想：听、视和感

听，主要体现在音乐符号联想上，步步高品牌在这一点上就做得非常

图 7–14　步步高手机广告音乐

图 7-15　德芙巧克力广告

出色，一首《我在那一角落患过伤风》将步步高手机深深地联系在一起，每次听到这个音乐旋律时，就会想到步步高手机（见图 7-14）。

视，主要体现在图像符号联想上。就好像苹果的商标，我们每次看到被咬了一口的苹果，就会联想到苹果这个品牌。

感，只要体现在感觉符号联想上。把品牌广告建立在某种感觉上，例如幸福感，对某种事物的美好想象。例如德夫巧克力的广告“下雨天，巧克力和音乐更配哦”（见图 7-15）。

7.3 打造让人乐于分享的社交货币

社交货币就是利用人们乐于与他人分享的特质，来塑造自己的品牌，从而达到口碑传播的目的。就像人们使用货币就能买到商品或服务一样，使用社交货币能够获得家人、朋友以及同事的更多好评以及更积极的印象。品牌也是如此，打造一个社交货币，获得更多用户的赞赏。

7.3.1 评估社交货币的 5 个纬度

社交货币既然被企业这么看重，就连《逻辑思维》都对它提了又提，那么它到底有什么价值呢？企业可以从 5 个纬度来理解社交货币对于品牌的价值（见图 7–16）。

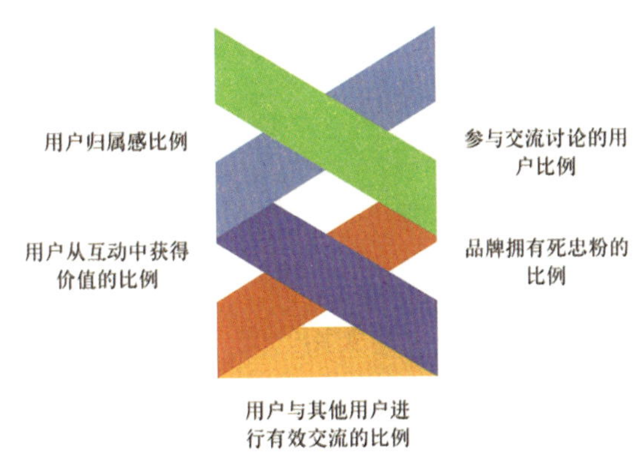

图 7–16 社交货币的 5 个纬度

1. 用户归属感比例

归属感是社交货币的价值评估的首要纬度，你的品牌社交货币到底值多少钱，就看有多少用户对你的品牌产生了归属感。品牌要主动地为用户创造交流互动的机会与场景，去建立用户的归属感。比如让用户参与品牌的建设，让用户成为品牌的一部分。

这一点，很多互联网品牌都使用过，比如魅族和小米建立用户专属论坛，让他们参与产品的设计；比如海尔举办设计大赛，让用户设计海尔的产品，最后以胜出者的设计图作为新产品的设计。

2. 参与交流讨论的用户比例

企业在做品牌推广时，需要考虑一个问题，就是当品牌出现在用户面前时，是否能够进一步推进双方的互动，为参与互动的交流者提供额外的观点，然后这个观念又激发了新一轮的交流讨论，以此不断循环下去，品牌的热度因此得到提升和持续。品牌中能够参与品牌相关话题讨论的用户越多，品牌的宣传就会越有利。

3. 用户从互动中获得价值的比例

你的品牌是人们日常社交的必备要素吗？如果是，那么你的品牌就能够通过增强人们的社交互动来创造实用价值，用户就能从品牌的互动活动中获得利益。

比如微信，微信就是人们日常社交的必备要素。因为微信的免费、方便、及时，使得人们的互动交流越来越频繁，双方的感情因为微信越系越深。那么，维持情感、加深情感就是用户从微信中获得价值。

4. 品牌拥有死忠粉的比例

一个品牌的价值多少，就看其拥有多少死忠粉。死忠粉的典型特性，就是会不遗余力地向他人推荐你的品牌。就像明星的铁杆粉丝一样，一旦明星出了新歌，做了新活动，拍了新电影，铁杆粉丝就会不遗余力地在社交媒体上，在自己的生活圈大力推荐。死忠粉越多，品牌的价值性就越大，因为它可以毫不费力地得到最好的宣传。

5. 用户与其他用户进行有效交流的比例

用户对于品牌了解得越深入，获得信息知识就越多。因此，当用户在与他人介绍产品时，就能够更加专业、详细，因而就越能让对方对品牌产生好的印象。这种用户越多，品牌获得潜在用户认可的概率就越高。

7.3.2 制定社交货币的策略：受众、渠道、推导

社交货币带给品牌的传播价值毋庸置疑，但并不是每个企业都能为自己的品牌打造一个成功的社交货币。这些企业之所以不能，原因就是没有掌握打造社交货币的方法。

制定社交货币的策略：受众—渠道—推导，描绘出品牌针对用户一天的行动路线。比如早上起来做运动，然后拍照晒朋友圈，表示自己的健康生活方式：坐地铁或公交去上班—到公司楼下吃早餐—上午上班刷微博和微信—中午吃完饭看会儿电视剧电影—下午 3 点休息一会儿，吃点点心和咖啡—下班打开美团找家餐厅与朋友聚餐—回家看会书睡觉。

描绘完成后，就可以进行推导，找到渠道与社交货币的爆点：

1. 早上起来做运动晒朋友圈：运动品牌是否可以为用户制订一个适合的健身计划，让其在朋友圈展现个人有效锻炼的同时联想起品牌？

2. 坐地铁和公交：品牌是否可以在地铁和公交上做推广，让用户在交通往返时看到品牌，想起品牌？

3. 到公司楼下吃早餐：餐饮品牌是否可以设计一些早餐活动，让用户参与互动？比如关注公众号，投票选出最爱的早餐种类，就可以免费得到一份早餐？

4. 上午上班刷微博和微信：品牌是否可以在微博、微信上打广告，

每天都能产生一些社交货币给它，比如说分享有礼、点赞有礼、持续签到有礼？

5. 中午吃完饭看电视剧电影：品牌是否可以定期做一些活动，主题与当季的热点剧相关，比如邀请热点剧的主创人物参加活动。

6. 下午休息吃下午茶：外卖品牌是否专门为下午茶设计一些套餐？让用户在下午休息得更好？

7. 下班打开美团找家餐厅与朋友聚餐：是否能与美团联手举办活动，让用户获得实用性价值，从而让用户在下次吃饭时还能想到某品牌？

8. 回家看会儿书：品牌是否能联合作者做个活动，比如组织一个社群活动，打造社区认同感。

以上的推导步骤都是围绕用户的日常行动路径上，品牌所有的营销活动是以一个整体来执行。在这种情况下，企业关注的数据就是社交货币，而不是传统的涨粉、阅读数等。

7.4 触发受众情绪，让用户主动传播

企业在做推广活动前，要先考虑好一个问题，就是企业此次活动要触发受众的哪种情绪？这种情绪是否能够让用户愿意进行互动，帮助企业进行品牌传播，这是最核心的出发点。

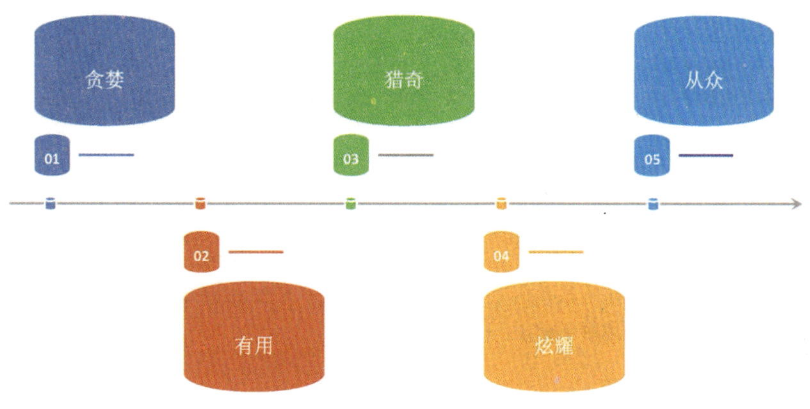

图 7–17　用户的五种情绪

7.4.1 能触发用户分享的情绪

好的推广活动肯定能够触动用户的分享情绪，如果企业分享出去的活动不好，用户就不会点击观看，自然也就不存在二次分享。那么如何做活动呢？我们可以看看一些社会化营销的成功案例，就会发现里面一定有一项内容可以触动用户的分享情绪（见图 7–17）。

1. 贪婪

我们经常在朋友圈里看到一些内容，比如分享到朋友圈就可以获得什么奖品。比如京东之前做了一个小产品就是分享砍价，一个朋友点击进去后可以帮助用户减掉多少钱。这就是直接抓住了用户对利益的贪婪情绪，让用户为了获取到这份利益主动传播。

2. 有用

我们经常能够在社交媒体上看到一些比如创业成功十法则、如何 30

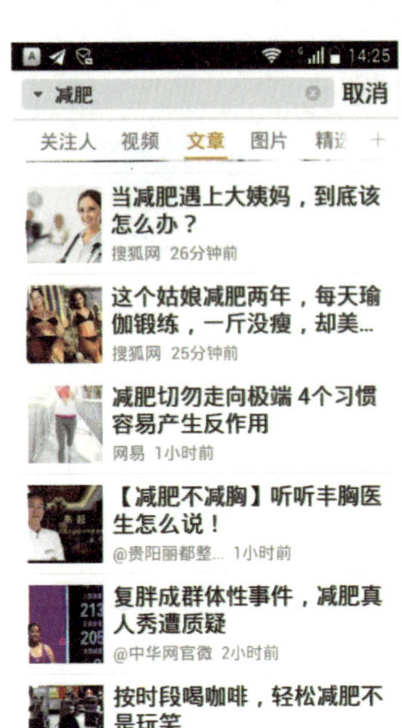

图 7–18 对用户减肥有帮助的文章

图 7–19 微博上利用用户好奇心吸引点击率的文章

天减 10 公斤、10 天过托福等信息（见图 7–18），这些东西非常常见，但我们可以发现这些小广告的点击量和转发量非常惊人。就是因为这些内容对用户有价值，所以用户才愿意点击和传播。

3. 猎奇

每个人都有好奇心理，越稀奇、越新鲜的东西就越喜欢看。所以，品牌在推广时就可以利用这种好奇心，让用户点击、分享你的活动。例如微博上分享的一些文章，就是利用了用户的猎奇心理来吸引点击率（见图 7–19）。

4. 炫耀

每人都有炫耀的心理，就像每次苹果出新手机时，先买到手机的用户都会发朋友圈，显示自己是第一批买到新机的。

5. 从众

我们经常看到一些文案写着“让百万人流泪的视频”“男生看了会沉默，女生看了会流泪”“一生中必看的 100 部电影”（见图 7-20），这些企业品牌在宣传时都给用户塑造了一个场景，你不看、不转就与他人以格格不入的感觉。

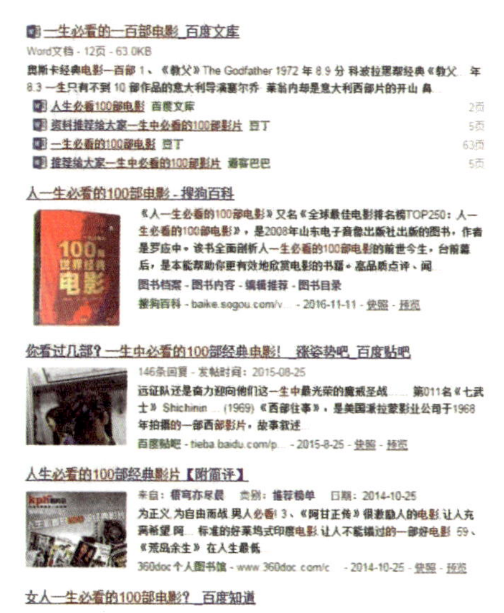

图 7-20　《一生中必看的 100 部电影》

用户的情绪除了以上 5 种，还有很多，比如敬畏、归属感、感同身受、与我有关等。只要品牌推广活动能激起用户的一种情绪，就能让用户主动分享。

7.4.2 如何触动用户的情绪

用户的情绪就是用户的痛点，品牌如何才能把握用户的痛点呢？企业可以按照以下方法进行。

1. 掌握第一手资料

从自身角度来看，品牌首先自己要先成为体验者，深度体验产品的功能。品牌顺利上线后，企业需要做一些功能优化与用户引导，让他们能够更加深入地了解品牌的上线与功能的优化所带来的利益。

比如一个房产买卖的 APP，主要针对的用户是对于房产已经有比较深入了解的人，那么如何才让自己的推广活动触动他们的情绪？品牌首先就要把自己当作用户。想一想自己如果是用户，什么样的广告才能触动我的情绪，广告触动了我什么样的情绪我才会去分享。只有把自己化身为用户，才能够掌握用户情绪的第一手资料。

2. 掌握第二手资料

第二手资料指的是从用户口中或者是利用技术所收集到的数据。在做数据收集和分析时，一定要注意数据的不准确部分。比如说做一些网络问卷或者电话调研，其中需求信息就不是特别准确。

同时，还要把沟通与观察相结合。观察是一个特别有效的方式，在一个非常自然的环境下，一些年轻化或娱乐化的品牌，就可以去一些年轻用户聚集的地方了解和观察他们的行为方式。比如微博就是一个年轻用户聚集较多的地方，品牌可以看一看自己针对的用户一般会点击什么样的广告，会转发什么样的微博。

7.4.3 如何利用用户情绪做社会性营销

把握到用户情绪时，企业还要懂得如何利用，否则也是白费（见图7–21）。

图 7–21 利用用户情绪做宣传的三大技巧

1. 目标与目的

目标越单一越好，这样对后面的聚焦作用是非常大的。一般第一次的推广活动是为了拉新，第二次的推广活动是为了激活老用户，第三次的推广活动则是促销提升转化。先把目标确定下来，活动才能有针对性，才知道要触发用户的什么情绪。如果是为了拉新，企业就要利用用户的猎奇心理，通过宣传品牌新鲜独特的一面吸引新用户，如果是为了留住老用户，就要利用用户的贪婪情绪，通过给予他们一定的利益留住他们。

如 Kissinger 这款新产品，为了达到吸引用户的注意，就利用了用户的猎奇心理，专门宣传产品独特性的一面（见图 7–22）。图中的文章《异地恋专属黑科技：情侣隔空接吻神器》，隔空怎么接吻？很明显能吸引用户的好奇心。

图 7–22　Kissinger 的宣传文案

2. 活动时间考虑

举办推广活动时可以考虑这个时间段有没有可以借势的事件，利用用户对热点事件的好奇心引发用户对品牌的关注。如果有借势的元素，就可以省下不少传播的成本。如果没有这个势，企业就要去造势，但造势要考虑自身是否具备了这些资源。

3. 活动机制的设计

当企业在利用某些机制时，用户可能就会自发地参与和转发。比如说竞争机制，不同的地域、不同的性别之间的竞争就可能促进某一人群的从众心理，完成这个任务以期能获得更好的排名。

7.5 植入式，润物细无声的场景营销

植入式广告，又被称为产品植入或是植入性营销，是指刻意把营销事

物以巧妙的手法植入即存媒体，以达到借由即存媒体的曝光率而达到品牌传播的效果。现在有很多品牌都选择了植入式的广告方式，因为这种借力使力的方式，比起直接的广告效果更好。

7.5.1 植入广告方式

广告植入的方式主要有 4 种，品牌可以根据自己的实际情况选择植入方式（见图 7–23）。

图 7–23 品牌广告植入的 4 种方式

1. 场景植入

是指品牌视觉符号或是产品本身作为媒体内容中发生的场景或场景组成的一部分出现。

比如湖南卫视的亲子节目《爸爸去哪儿》中伊利牛奶的植入，伊利牛奶冠名该节目，把大草原作为节目录制的其中一站，把伊利牛奶的源生地、奶牛的养殖、牛奶的制作环境作为节目场景的一部分植入其中，从而达到了高曝光率的传播效果（见图 7–24）。

图 7–24　《爸爸去哪儿》录制站“伊利工厂”

2. 对白植入

主要是在电影、电视剧、小说中，通过人物的对话巧妙地将品牌植入其中。

电影《非诚勿扰 2》可以说是植入广告的经典。在一个镜头里，服务员推着轮椅走到舒淇与葛优饰演角色的房间门口按门铃，开门后，服务员对舒淇饰演的角色说：“您好，秦先生在淘宝网买的轮椅到了。”一句简单的对白，将淘宝网这个品牌亮了出来，让经常在淘宝购物的用户们在观看电影中获得惊喜，产生“原来电影主角也在淘宝买东西”的感觉。

3. 情节植入

这是一种较为深层次的植入，是指某一品牌的产品成为推动整个故事情节的有机组成部分，它不仅在生活场景或是人物对白中出现，而且贯穿了整个故事。

2016 年大火的韩剧《W：两个世界》中，聚美优品成了推动情节发展的组成部分。聚美优品的品牌商标不仅成为电视剧的背景，就连聚美优品 CEO 也成为推动情节走向的人物。男主为了获得在现实世界中活下去，在现实世界中塑造了一个身份，就是聚美优品的 CEO（见图 7–25）。

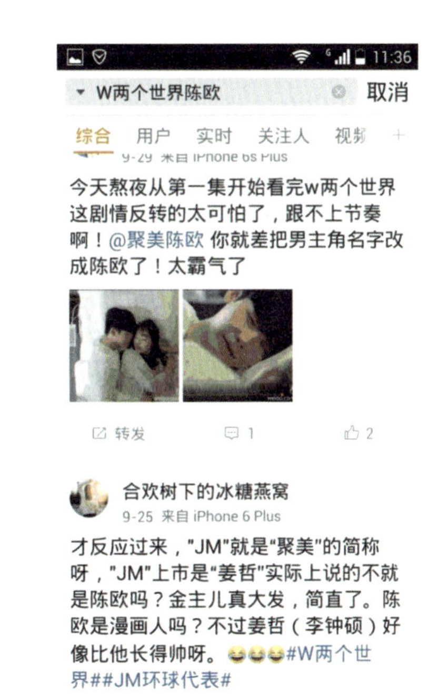

图 7–25 聚美优品植入《W：两个世界》

4. 形象植入

是指根据品牌所具有的符号意义，植入电影、电视或其他媒体之中，成为故事主人公个性以及内涵的外在表现形式，从而得到品牌与剧中人物之间互相诠释的目的。

比如“三只松鼠”在 2016 年大热电视剧《欢乐颂》的植入就非常成功。“三只松鼠”通过剧中人物邱莹莹这个吃货的角色得

图 7–26　三只松鼠植入《欢乐颂》

到了高频次曝光和情感联系，反过来又成为填充人物性格不可或缺的重要道具（见图 7–26）。

7.3.2 植入式广告成功法则

植入式广告的效果大小，要看植入品牌如何运用。如果想要运用植入式广告成功打开知名度，那么就一定要懂得打造植入式广告的技巧。

1. 品牌方尽早进入影视作品创作中

作为品牌方，要提前收集相关的影视信息了解剧本以及拍摄计划，评估电影的票房、衡量电视剧与综艺节目的收视率，分析植入营销的可行性。只有充分的事前策划和专业的操作，才能保证植入广告的真正效果。

乐视在植入《我是歌手》之前就做了充分的调查，乐视超级电视的载体优势可以与节目流程完美地融合，成为节目中不可或缺的部分。先是根据赛程内容增加排名曲线的走势图，歌手可以通过乐视超级电视银屏上呈现的排名曲线图，了解自己的排名（见图 7–27）。之后，乐视又根据节目歌单，开发了歌单 APP 系统，只要点击超级电视上的歌手头像，就可选择表演曲目。这种跟节目剧情严丝合缝的植入方式，不但让超级电视的功能得到了充分展现，也奠定了乐视在节目中的重要地位。而这一切，都源于乐视在事前的充分调查与策划。

图 7–27 乐视超级电视植入《我是歌手》

2. 清晰的品牌定位，保持一致的基调

品牌的推广渠道是多样的，对于植入性广告来说只要合适的才是最好的。认清品牌自身的定位与目标用户，同时分析植入载体的调性以及它所吸引的用户群，观察彼此间是否合适。

看过《速度与激情 7》的观众来说，整部电影让人印象最深刻的是片尾告别保罗的场景以及他的车。这辆汽车是 W Motors 汽车公司在迪拜车展上发布的旗下超级跑车 Lykan Hypersport 的量产版本（见图 7–28）。该车全球限量 7 辆，售价高达 340 万美元（约合人民币 2000 万元）。如果该片植入的是一个低端的品牌汽车，那么它的特性是否能够满足赛车的需求呢？显而易见，是不可能的。

3. 让广告与内容深度结合

植入广告适合是最为关键的，就算是纯粹的商业片，用户也不会喜欢

图 7-28 《速度与激情 7》的汽车

图 7-29 电影《我是路人甲》

其中充斥着拙劣的植入广告。好的广告不能冲击电视电影的观赏性，而是要通过巧妙的办法融入作品，与情节、人物、场景和道具等深度结合。

《我是路人甲》对于横店来说就是一个大写加粗的广告。整部电影都是围绕横店来讲的，片中的主角都是群众演员，他们是在横店奋斗的千千万万怀有梦想的青年，这让多少对横店充满好奇的年轻人燃起了去横店闯一闯的信念，但是电影情节的励志让人不管身处何地，什么行业都更加坚定了奋斗下去的决心和信念（见图 7-29）。

7.5.3 植入式广告存在的问题

植入式广告已经是品牌最常运用的宣传手段。但是，目前国内一些广告植入在运作上依然存在着不少问题。

1. 品牌与植入载体不兼容

品牌与植入载体不兼容，主要体现在三个方面（见图 7-30）。

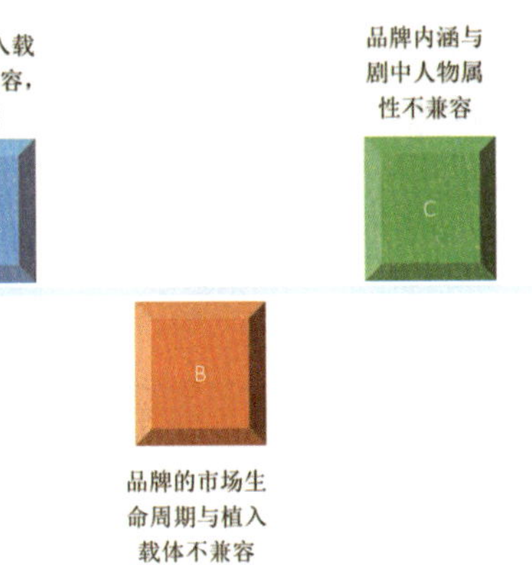

图 7-30 品牌与植入不兼容的三大具体体现

首先，品牌与植入载体受众不兼容，功效差。植入品牌的目标用户与电视剧、电影或小说的受众不兼容。植入载体的目标受众，决定了植入式广告的最终效果。如果植入载体与广告目标受众不兼容，不仅会导致广告资源浪费，其品牌宣传效果也会大打折扣。一些品牌太过坚信植入式广告的效果，而忽略了载体与自身的兼容性。

其次，品牌的市场生命周期与植入载体不兼容。品牌的市场生命周期分为导入期、成长期、成熟期、衰退期四个阶段，而以电视剧为代表的植入式广告一般只适合成长期与成熟期的品牌。如果不考虑这一点就盲目植入，广告效果将大打折扣。

最后，品牌内涵与剧中人物属性不兼容。品牌的内涵与剧中人物属性不符。有不少植入式广告为了展示产品的特点，完全忽略了剧中人物的身份、性格等人物属性，牵强附会，与现实脱离。此种做法完全违背了“电视第一、广告第二”的原则。

就如在2008年大火的青春偶像剧《一起来看流星雨》，剧中人物是身价几亿的豪门贵公子，但开10万元以下的车，去美特斯邦威等针对中低端消费人群的服装店，完全不符合剧中人物的身份，因此引起了不少吐槽(见图7–31)。

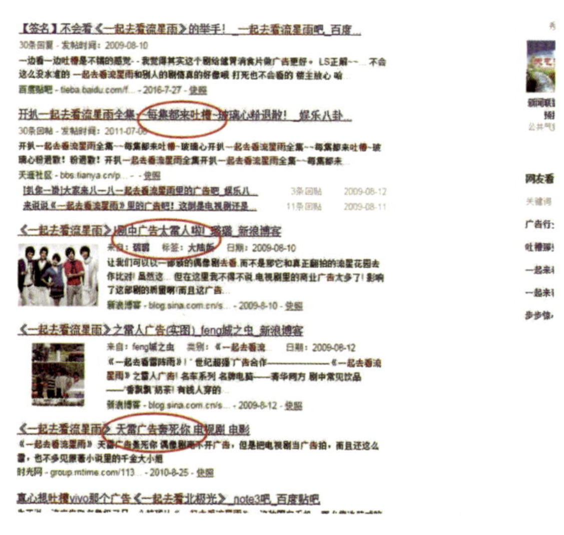

图7–31　网友对《一起去看流星雨广告》的吐槽

2. 同类品牌出现在同一电视剧中

某些电影、电视剧、综艺节目为了获得更大的广告收入，往往会接受很多品牌植入，因此常常造成同类品牌出现在同一载体，导致利益撞车的问题。因为植入载体的受众是既定的，所以肯定会造成同类品牌的潜在用户分流的问题，从而影响了各个品牌的植入效果。

例如在《爱情公寓》中，出现了同是口香糖品牌的益达和绿箭，两个品牌本身就存在着竞争关系，又出现在同一部电视剧中必然会导致两个品牌的利益撞车。

3. 为广告而牺牲艺术

很多电视剧为了满足品牌的需要，以牺牲电视剧的艺术为代表，花大篇幅来介绍产品的性能，导致许多植入广告植入方式过于生硬和直白。

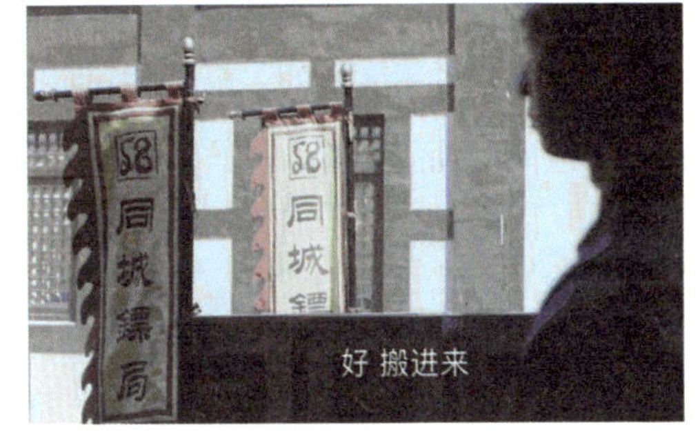

图 7–32 《青云志》58 同城镖局

在这一点上，可以学习 2016 年大热 IP 电视剧《青云志》，该剧为古装玄幻，但却将 58、999 感冒灵成功地植入进去，不但没有造成用户反感，反而备受称赞。《青云志》将 58 同城改成了 58 同城镖局（见图 7–32），把 999 感冒灵变成了中药的一部分。

对于上述问题，品牌一定要加以注意，否则不但造成广告资源浪费，还影响了品牌的声誉。

7.6 15 秒电视广告创作标准

15 秒电视广告，为电视广告创意带来了一次革命。企业如何正确认识 15 秒广告，是各大品牌在做宣传推广时都需要考虑的问题。

不管互联网媒体如何发展，电视广告对于品牌而言，都是不容忽视的存在。最初的电视广告时长是 1 分钟，最后才发展为 15 秒。但是 15 秒总体来说是不完整的。品牌如何在这 15 秒的时间内把品牌表现出来，这就需要考验企业的功力了。

7.6.1 有创意但不能误读创意

创意是广告的必备条件，但是很多品牌都误读了创意，真正的创意包括了以下两点。

1. 创意是把复杂的东西简单化

认为有创意就不简明了，而创意的本质是把复杂的事物简单化，然后再戏剧性地表达出来，卖弄花巧、故弄玄虚都不能算是真正的创意，好的创意是用户一看就懂，是为品牌的推广而服务的，而不是为了创意而创意。

2. 简明不等于单调

品牌在做广告时，要懂得拒绝令人费解的创意，要做得简明易懂。虽是如此，品牌也要明白一个道理，简明不等于单调。如果是那种“跳楼大拍卖”式的叫卖，这就是属于单调的广告，只会让用户对你的品牌生厌。

我们通过一个旅行箱的品牌广告来了解。创意主题：坚实耐用的旅行箱。没有创意的广告片：演示旅行箱在旅行途中如何经受各种打击；创意广告片：大象先是把脚踩在上面，然后坐上去。

旅行箱在旅途中会经受各种打击，这是用户明确知道的事实，却被品牌视为创意，这就没有多大意义了。而后者，通过大象来表达旅行箱的品质，其创意点体现在两个方面：一是大象的体积重，既然脚和坐都不会对旅行箱造成任何损害，那么就更不用怕旅途中的磕磕碰碰了；二是以大象为广告主角之一，可以拉近用户，因为大部分的人对动物都有天生的好感。

就这么简单的两点，就把一个乏味无聊的广告变得有创意，简洁明了又生动有趣。

7.6.2 一定要做得有人性

心理学研究表明，人首先依存于感情，其次才依存于理智。因此，广告一定要做得有人性。信息传播总是包含着情感交流，一个能给人以同感的广告永远是符合人性的广告。广告越有人性，就越能引起更多用户的共鸣，从而让用户对品牌产生偏好。

1. 抓住人性，引发传递

什么样的广告才能引发用户的传递？是把产品的功能介绍得非常通透的广告，还是戳中了用户某种情感的广告？大部分人应该都会选择后者。对的，但凡能引发传播的广告，都符合了人性的需要，戳中了某种情感。

例如 2015 年伊利与网易合作推出的一则以“热杯牛奶，温暖你爱的人”为主题的广告（见图 7–33），用暖意打动在寒冷冬日里的用户。活动以 H5 的形式呈现在网易客户端上，主打温暖视觉及手掌互动。

图 7–33　伊利“为爱热牛奶”

为了达到吸引效果，伊利做了一系列的创意设置。

首先，用户开屏画面即呈现充满水蒸气体的窗玻璃，就像冬日里在窗上涂鸦一样，用户用手触摸屏幕，就会浮现让人倍感温暖的文字，营造出温暖的气氛。

其次，伊利设置了手掌互动的环节，用户只需要把手掌贴在屏幕上，利用手机屏幕感应功能，牛奶即可加温。如此，可以给用户更加深刻的温暖体验。

最后，为了扩大传播活动范围，还设置了分享朋友圈环节，让用户可以邀请用户一起加热。以牛奶为载体，让用户为爱而传播。

伊利是品牌，也是信息；为爱加热是内容，也是人性中温暖的存在，用户乐于参与内容的互动和分享，也不反感广告的表达。

2. 能让用户认同的人性才能引发传播

品牌广告如何构建让用户认同的人性，这是许多品牌都在考虑的问题。什么是人性，人性就是人类情感，广告中要体现人性，体现情感，但并不是所有的人性与情感都能被用户认可。我们经常听到用户批评某个品牌故意撒泪点，表现得太刻意；或是故意发表某种言论，刺激用户情感，让用户站队，制造舆论纷争。所以，如何把握住这个度，是一个非常关键的问题。2015 年初，360 与博拉公司公司完成的“360 手机助手公关案例”就非常能体现人性，用户非常认同这一点。

360 针对安卓用户和苹果 IOS 用户间的矛盾点，在 360 手机应用上打出了“用安卓先上我”的口号（见图 7–34），公开支持安卓用户，同时向苹果系统发起攻击。360 的此举做法就在精准地锁定目标用户群后，通过人性认同和品牌认同，更深度地根植了 360 的品牌形象与 360 助手的应用价值。

图 7-34　360 手机助手的口号

此次事件看似是 360 的战争，实质是粉丝间的战争。360 巧妙地将安卓用户转化为自己的用户，以此为基地构建安卓用户的情感认同体系，让具有同样喜好与同样价值观念的用户聚集到同一个社群中，深度开发社群和粉丝价值。

7.2.3 场景、人物不要过于完美

国内的品牌广告，往往呈现出两个极端，要么太粗糙，要么太完美。前者令人生厌，后者让人感觉脱离现实生活，无法让用户信服。

比如说一个家庭厨卫广告，家庭主妇打扮得像明星一样，穿着高级服装，脚上穿着高跟鞋，手上做着美甲在厨房里做菜煮饭，这样的广告能让人信服吗？肯定不行。不能让用户信服的场景、人物，就不会引起共鸣，

就达不到品牌宣传预想的效果。所以想让用户相信你的广告，场景、人物就不能设置得太脱离于现实。只有让人们感受到与生活是贴近的，广告片才能显得真实，才能让用户有身临其境之感，并进入角色。

CHAPTER 8

引爆流行：撬对节点，让世界因品牌而动

8.1 引爆点：从消费到流行

对于引爆和流行的过程，我们暂时无法做数据化的分析，但是通过分析现象，可以推导出它们的引爆路线图，这个路线图有 5 个至关重要的点，只有刚好满足这 5 个点时，品牌引爆才有可能迅速变为现实（见图 8–1）。

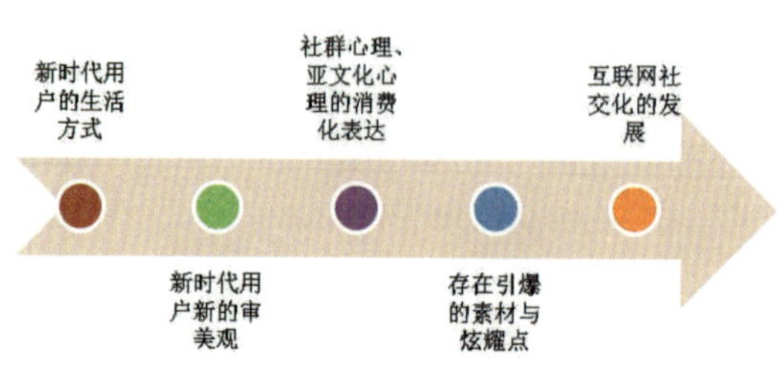

图 8–1　引爆路线图 5 个至关重要的点

8.1.1 新时代用户的生活方式

年轻的 80 后、90 后正成为社会主要的消费人群，与老一辈不同，他们需要新的生活方式，并且不断演化出新的生活内容。倡导健康、平衡膳食、重视个人成长、悦已等新生活方式正影响着他们的消费决策，他们愿意为提供这些生活方式的品牌买单，比如各种各样的投资创业机构、美团、途牛旅游、淘宝、天猫等。

8.1.2 新时代用户新的审美观

新审美是一个新流行掀起的重要信号，跟随着流行而来的是各种大小的新品牌、新产品。可以发现，那些红透半边天的品牌在产品设计、营销设计上已经不再效仿过去的审美习惯，不管是从产品的形态、服务的方式，还是营销的呈现都和过去大大不同。比如服装品牌，以往流行更加大方的欧美风格，而 80 后、90 后这一批新用户则更加喜欢韩风，因此一些主打韩风的服装品牌迅速发展了起来，比如“韩都衣舍”（见图 8–2）。

图 8–2 韩都衣舍的韩式风格

8.1.3 社群心理、亚文化心理的消费化表达

要在一个社群中或是亚文化人群中，采用相同的消费选择，往往是他们表达同一社群和人群的途径。很多品牌的流行，具实都与特定的人群相关。

比如哔哩哔哩网站的走红，就是和被称为二次元人群有关（见图 8–3）；小米的走红与发烧友有关；宝宝树的走红和妈妈群体有关。特定人群在消费上的引导效应不容小觑，大量的消费趋势引导追根溯源都能看到该人群的影响力。

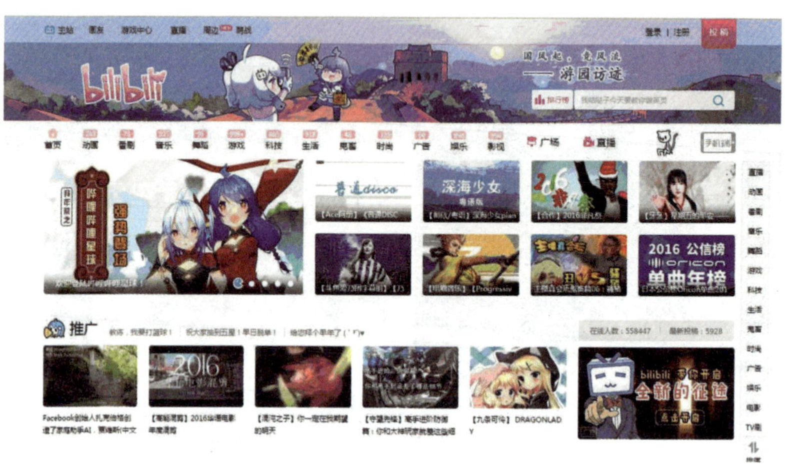

图 8–3　哔哩哔哩网站

8.1.4 存在引爆的素材与炫耀点

品牌提供的素材成为全民协助传播的新闻点，这些新闻点具有强烈的引爆性与可炫耀性。要么是明星名人同款，要么是小众文化彰显自己的与众不同，甚至是意志力的炫耀等都能够成为素材。

比如去年火爆朋友圈的海鲜拼盘，各种各样的海鲜并排在一个大盘子中，像烤鱼那样烤，这种新鲜的海鲜吃法自然吸引了不少人的注意力，其独特的造型更是让用户乐于将之拍照并分享到朋友圈（见图 8–4）。

对于流行来说，素材与引爆点当然是不可或缺的。所以，主动制造或者主动协助用户完成素材收集与发布，是非常好的引爆流行的手段。

8.1.5 互联网社交化的发展

在互联网时代，引爆一个流行现象比传统时代要容易得多，原因就在于互联网社交的存在。一个信息只要得到用户的认同，就能在社交网络上迅速蔓延开来，形成一个新流行热点。

图 8–4　海鲜大拼盘

为什么互联网社交对引爆流行这么重要？为什么越来越多的品牌加入社交化产品？因为中国社交用户数量庞大，且每年的社交用户还在以惊人的速度增长。因此，品牌往社交化方向发展有着良好的商业拓展性与客观的商业变现潜质。企业如果能利用社交引爆品牌，不只可以给企业降低极大的宣传成本，更可能因此成就一个品牌。

8.2 个别人法则：抓住关键人物

任何一种流行时尚到来时，总能发现几个关键的人物，他们独有的特点与社会关系，再加上他们自己的热情与个人魅力，能够最高效地将信息在一定范围内扩散出去。品牌能够引爆流行的第一步，就是要在这些人群中找出这些关键人物，利用他们来传递营销信息。

8.2.1 寻找三大关键人物

在个别人法则中，有三种人可以起到引爆品牌的作用。因此，品牌在运用个别人法则之前，需要找出这三大关键人物（见图 8–5）。

图 8–5 个别人法则中的三大关键人物

关键人物一：了解品牌的人

了解品牌的人的一个典型特征是通常情况下，他们不是被动地获取信息，而是主动地搜集第一手资料，同时对所收集的信息进行分析比较，然后告诉他人。

在引爆一潮流的过程中，这类人扮演的角色是信息经纪人，他们把用户与信息联系到了一起。实质上，在我们的日常生活中，都会认识一两位对某个品牌非常熟悉的人。这些人掌握了一些不为外界所知的信息，对某个品牌有着非常透彻的了解。因此，人们非常信任他们，一般都会采纳他们的建议。

这类人散落在社会的各个角落，企业的首要工作就是把他们找出来，然后通过他们的专业力量传播信息，从而达到引爆品牌的目的。

关键人二：传播信息给用户的人

第一种关键人物虽然可以收集到很多市场信息，但是并一定能够带起流行。要引爆这些信息，企业还要找到能把信息传播给用户的人。这类人的典型特征就是他所认识的人范围非常广，涵盖各个领域，包括了不同年龄层、不同职业、不同生活形态，甚至不同国籍的人。特殊职业是这类关键人分布比较密集的领域，比如互联网上的一些大 V。如果说，了解品牌的人是把信息和用户联系起来的那个人，那么，这类关键人就是把信息传递给用户，造成大范围、大面积的影响。企业一旦能找到这类人，那么品牌就能在最短的时间内被用户所熟知。

关键人物三：让用户产生购买欲的人

这类人群一般都有积极乐观的性格，对于讲述自己的观点非常自信，并把这种自信带给听众，善于与听众互动，说服力非常强。在这类关键人的感染与说服下，用户对于接收到的信息，印象会更加深刻，并认为更加可信。

2016 年的爆款产品小咖秀就是利用了个别人法则流行起来的。现在，我们就来看看这个品牌是如何运用个别人法则的。

首先，在产品预热期，抱腿懂品牌的 KOL 转发，扩散产品的知名度(见图 8–6)。微博上的 KOL 这类人物是微博上的活跃人物，对于一些新功能、新产品有着由衷的热爱，很喜欢在社交媒体上分享一些新产品。小咖

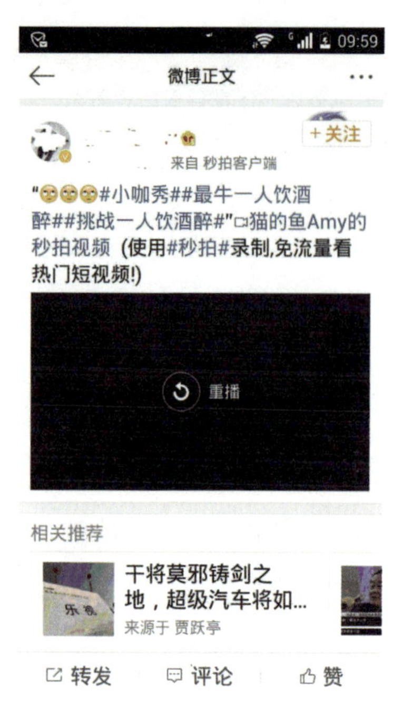

图 8–6 微博 KOL 玩小咖秀

图 8–7 小咖秀微博话题“女神变女神经”

秀就是通过 KOL 的公信力，在微博平台上形成自传播效应。

其次，在产品展开期，借势明星效应，发起有奖互动。小咖秀邀请了王珞丹，在微博上发起了“女神变女神经”的有奖互动，由明星带动传播(见图 8–7)。除了王珞丹之外，还有蒋欣、贾乃亮等明星加入，利用明星的知名度迅速将小咖秀扩散开来。在此，明星就担任了第二种关键人物的角色，把信息传递给用户。明星虽然本身认识的人范围有限，但是它有很多粉丝关注，而这些粉丝涵括了各个领域、各个年龄层、各个职业、各个国籍。有了明星的带动，小咖秀自然可以全方位扩散。

最后，在产品爆热期，引爆全民参与互动。2016 年 7 月 25 日湖南卫视播出的王牌综艺节目《快乐大本营》，王珞丹现场还原小咖秀对嘴游戏。随即，小咖秀在线上发起“爆笑对嘴大赛”，截至 12 月底，阅读量达到 7.5

图 8–8 小咖秀“爆笑对嘴大赛”

图 8–9 《快乐大本营》玩小咖秀

亿，引爆热点（见图 8–8）。

《快乐大本营》在之后的多期都引入了小咖秀，全范围地展现了小咖秀好玩有趣的一面，使小咖秀的影响力得到迅速传播（见图 8–9）。在此，《快乐大本营》担任起了关键人物三的角色，因为用户在节目上看到了小咖秀的乐趣所在，因此产生了下载使用的欲望。该节目已举办了 19 年，收视率更是屡屡登顶，有着非同小可的影响力。小咖秀邀请《快乐大本营》作为关键人物，自然能得到非常好的宣传效果。

8.2.2 运用个别人物的技巧

在找到了引爆流行的三大关键人物后，也不是所有的品牌都能像小咖秀一样运用好它们。在此，品牌可以利用社会学与统计学的理论来成功运用它们（见图 8-10）。

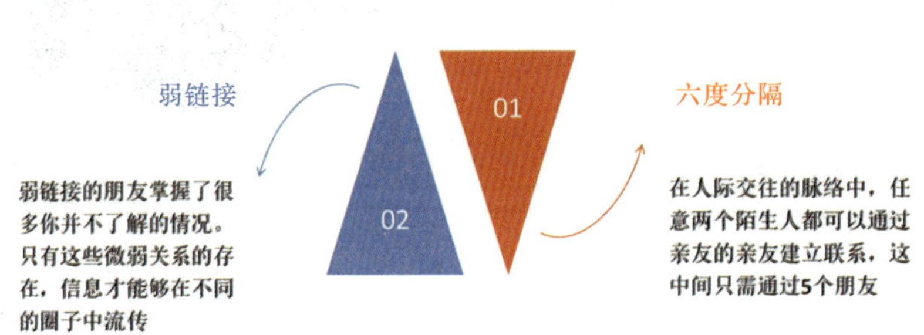

图 8-10　六度分隔与弱链接

1. 六度分隔理论

1967 年，美国社会心理学家斯坦利·米尔格拉姆提出了一个“六度分隔”理论。该理论认为在人际交往的脉络中，任意两个陌生人都可以通过亲友的亲友建立联系，这中间只需要通过 5 个朋友。

网络上盛行的凯文·贝肯游戏就是这个理论的最佳证明。主角是美国电影演员贝肯，游戏目的是把贝肯将另外任意一个演员联系起来。弗吉尼亚大学计算机系建了一个电影演员数据库，让人们随意查询。比如查询葛优在电影《大腕》与美国明星唐纳德·萨瑟兰合作过，而他在 1991 年与贝肯合演过《刺杀肯尼迪》。

为什么要选取凯文·贝肯作为游戏主角，因为贝肯是一位高产演员，且涉及各个领域、各个亚文化和各种社会地位的角色。这放在个别人法则中，就与联系人对应。也就说，品牌在运用个别人法则时，只有选择像凯文·贝肯一样能影响各个领域和基层的人才能作为联系人。

2. 弱链接

社会学家马克·格兰诺维特曾做过一个调查，他采访了几百名工作者，记录了他们的就业经历。发现其中有 56%的人是通过个人关系找到工作的，20%是自己申请求职获得工作，18%是通过猎头公司找到工作。

通过个人关系找工作是常见现象，但意外的是这些介绍人之间的关系非常微弱，真正靠父母、最好的朋友等强关系找到工作的比例并不大。

最常见的现象是 A 遇到了一年难得见一次的熟人，俩人聊起近况，A 对 B 说自己想找程序员的工作，B 突然想起大学同学 C 上周对他说公司正招收程序员的工作，于是将 C 的联系方式给 A，A 通过面试获得了工作。

为什么弱链接会产生比强关系更强的威力，因为亲近朋友的生活圈可能和你差不多，生活基本重合，因此得到的消息也是重合的。但弱链接的朋友掌握了很多你并不了解的情况。只有这些微弱关系的存在，信息才能够在不同的圈子中流传。

同理而言，在运用个别人物法则时，品牌不能找自己的内部人员、内行人员充当联系人，而是要找和品牌的生活圈完全不同的关键人物。比如小咖秀为什么要找明星，而不找自己内部的人充当联系人，就是因为明星覆盖的用户与自己内部人员覆盖的用户范围完全不同。明星覆盖的是弱关系用户，也就是明星与粉丝的联系并不强，但是明星覆盖的粉丝多，粉丝多传播的范围也就大。

8.3 附着力因素：满足人性中的需求

附着力法则，流行点的引爆决定于流行信息是否能得到有效传播，而流行信息的有效程度则由流行信息的附着力来决定，信息附着力的大小则由信息与受众之间关联程度的高度与信息实用性的大小来决定。关联程度越高、实用性越大的流行信息附着力就越强，就越能成为流行的引爆点。

图 8–11 流行进程中的三类用户

8.3.1 针对特定用户设计特定信息

不同的用户对流行信息有着不同的关注点与需求，因此，要提高信息的附着力，品牌在设计信息和传播途径时就要根据用户的特征进行。

从信息传播的角度而言，同时根据传播学者埃弗雷特·罗杰斯的创新扩散理论，整个流行形成过程的用户大致可分为三种类型（见图 8-11）。

1. 喜欢追流行的意见领袖

这种类型的用户一般是具有冒险精神、渴望得到尊敬的人。他们喜欢挑战，无惧冒险，交际非常广泛，并渴望在自己的交际圈中得到关注与尊重。因此，他们在日常生活中就会主动收集一些流行信息，再对其进行理解与加工，然后承担起二次传播的责任，成为某一流行领域的意见领袖。

所以，品牌在打造流行信息时，要注意掌握他们平时接触信息的渠道，信息的发布要尽量详细，以方便他们获取并满足他们对信息的需求，这样才有利于话题的形象，满足该类用户在社交中维护意见领袖地位的心理需求。

例如微博大 V 耳帝，在微博的音乐评论领域有不小的发言权。他会对当下最热的音乐节目中各个歌手的表现进行评论，评论高低以自己的专业角度出发，因评论有理有据所以获得不少用户的关注，但有时也引起了极大的争议。为了获取用户对自己的关注，耳帝会时时关注各大音乐节目，观看每个歌手的表现，获取一手的信息，然后根据自己的二次加工，再发布到微博上。可以说，耳帝的角色就是喜欢追流行的意见领袖，承担二次传播的作用（见图 8-12）。

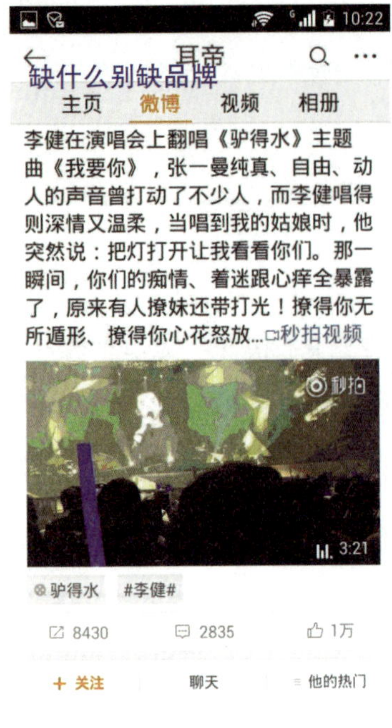

8–12 耳帝评论李健演唱《我要你》

图 8–13 耳帝微博下的“热门评论者”

2. 受意见领袖影响的模仿者

这类用户喜欢模仿，且容易受他人特别是偶像的影响，是特定流行能否形成的关键群体，没有他们的存在，大规模的流行就无法形成。他们会先通过侧面观察、主动咨询、日常交往或媒体阅读等方式，从意见领袖那里获得一些关于流行新事物的信息。其中，与喜欢追赶流行的意见领袖的人际交流是他们获得流行信息并受影响的关键途径。

针对这类用户信息传播的重点是把握人际传播的信息渠道与内容信息，同时提高意见领袖的满意度。

例如耳帝微博下面的一些热门评论，就是属于受意见领袖影响的模仿者，通常这些人会与各个知名微博保持频繁的互动，从他们那里获取新信息，评论并转发（见图 8–13），形成更大范围的传播。

3. 受周围环境影响的跟进者

这类用户是群体压力下的后知后觉者，他们对信息的获取并没有太高的积极性，但是，他们却存在不想落伍，希望得到相关群体认可的心理。因此，他们就会被动地开始跟进流行。对于这类人群来说，流行的规模与趋势就是最有力的信息。

针对这类用户，品牌应该多对其传递关于流行规模的信息，渲染大规模流行的气氛，让他们看到流行的大势，然后主动跟进流行。这样，品牌引爆的后劲才不会无力。

现在的影视行业，都把电影、电视当作一个互联网产品来打造，不管是内容还是营销的方式都是采用互联网的方式。内容上我们先不多说，其在营销手法上就完全采用互联网模式。因此，很多影视公司为了让自己的作品能够被引爆，就采取了附着力因素法则进行影响，并利用互联网加大影响。

2016 年 12 月关注度与口碑俱佳的一部电影非《你的名字》莫属（见图 8-14）。这部日漫电影打破了动漫电影史，开启了一个新的电影风潮。那么，发行公司是如何让它引爆流行的呢？

图 8-14　日漫电影《你的名字》

首先，利用品质获得口碑。该发行公司先是鼓励看过电影的人在豆瓣上进行评分和评论，豆

图 8–15　豆瓣大神们对《你的名字》的评论和打分

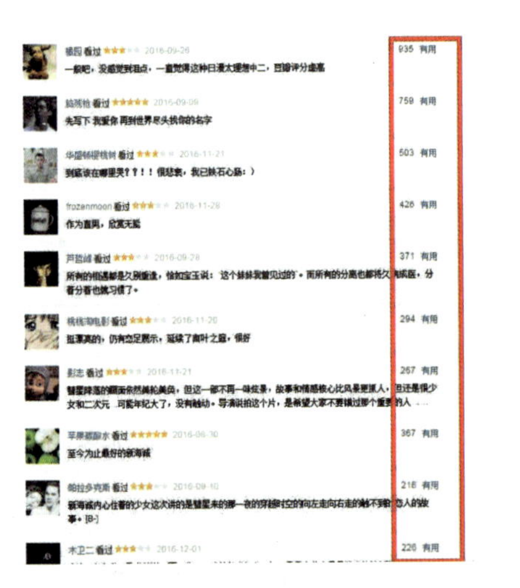

图 8–16　早期跟进者认为评论有用的数量

瓣上的这类人群都是对电影有着高度关注的人，时时刻刻都在关注着电影行业的信息，只要有新电影上映就会去观看，并且在豆瓣上评论。他们被称之为豆瓣大神，专业的影评人，可以决定一部影视作品的口碑。在附着力因素法则中，这类人群就是喜欢追赶流行的意见领袖。他们的信息会影响关注他们的模仿者，也就是经常会看电影的人。《你的名字》先是通过高品质的内容俘获这些豆瓣大神，再利用口碑影响用户（见图 8–15）。

其次，利用口碑传播。很多人在看电影之前，都会先去豆瓣看看评分和评价，依据评分和评价去看电影。《你的名字》因为有了众多意见领袖的好评，所以轻易影响了这一批人（见图 8–16）。大批的模仿者采纳了意见领袖的信息后，《你的名字》

就成了引领流行的爆品。

最后，用流行影响潜在观影用户。这类人群对电影不是很有研究，也不会太关注电影。但是他们为了获得谈资，常常会主动去收集一些近期流行电影的信息。《你的名字》后期的票房就是靠这类人群来维持，这类用户会因为《你的名字》是近期最火、大家都在谈论这部电影，所以我也去看看吧，这么火。

这就是《你的名字》为什么能引爆的原因，它完美地运用了附着力因素法则。

8.3.2 选择合适的渠道提高信息附着力

在信息爆炸的今天，用户对信息已经产生了抗拒心理，因此信息的附着力被削弱了不少。品牌信息直接用广告的形式来播放，如果没有一定的条件支持，不但引不起注意，还会让用户产生反感。所以，品牌要针对用户特性选择合适的信息渠道，通过巧妙的包装，降低用户的戒备心理，从而达到提高信息附着力的目的。品牌可以通过以下几种渠道进行信息传递(见图 8-17)。

图 8-17 品牌的 3 种渠道传递方式

1. 牵手电视节目

现在综艺节目非常火，特别是真人秀节目，这些节目各有各的受众群和相应的影响力。品牌可以把相关信息通过赞助、贴片或植入的方式附在电视节目中，这样信息的附着力就能得到极大的提高。

比如《爸爸去哪儿》的伊利牛奶、《奔跑吧！兄弟》的苏宁电器、《我是歌手》的乐视超级电视、《快乐大本营》的VIVO手机等（见图8–18）。

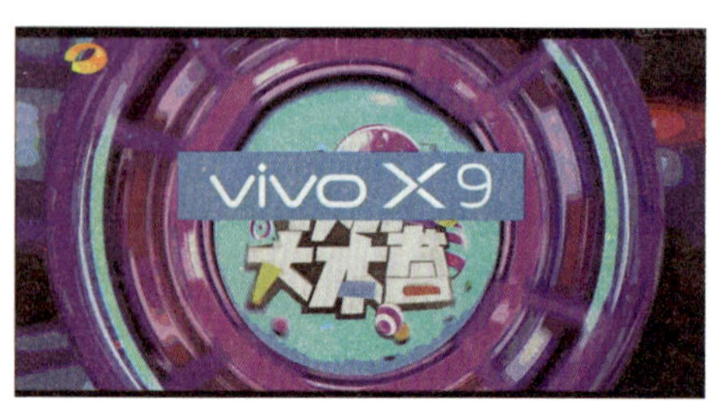

图 8–18 VIVO 冠名《快乐大本营》

2. 亮相影视剧

品牌可以作为电影或电视连续剧中的场景、背景和道具，用户在观看剧情的过程中不知不觉地就接受了流行信息。

例如《变形金钢3》的伊利牛奶（见图8–19），《青云志》中的58同城镖局，《W：两个世界》中的聚美优品。

图 8–19 伊利植入《变形金刚 3》

3. 利用社交媒体

现在人们获取信息都是通过社交媒体，把信息发布在社交媒体上是最适合不过的，而且社交媒体还能提高信息的流行速度，比如微博、微信朋友圈、天涯、知乎、豆瓣等。

8.4 让品牌从主流人群中开始引爆

虽然有无数的广告信息推送，但我们真正需要购买一个产品的时候，往往还是会向身边经常使用这些产品的朋友打听这个品牌的产品到底好不好，值不值得我们买。如果对方说不错，你可以买一个，那么你很快就会下定决心购买。

在这个消费链条中，身边的这个人成为向他人传播消费理念的人，通过消费建议的方式达到主流的目的。我们会从相信的人群中寻找对自己有用的消费建议，这就是我们常常说的，跟主流，随大流。

8.4.1 主流人群在哪里？

既然主流人群对引爆品牌这么重要，那么企业该去哪里寻找主流人群呢？无论是在线上互联网还是线下真实世界，都有主流人群集中出现的地方。线上的微信、微博等这些当下主流的场景中，就聚集着大量品牌的主流人群；线下的公寓楼、写字楼、各大百货商场，某些团队如驴友群、广场舞爱好者群等也是主流人群的高频出现的场所。

企业找到这些场景，再对主流人群进行高频的传播影响，从而占据主流人群心智的地位。一旦成功，就能向更为广泛的用户群体进行口碑推荐，成为引爆品牌的重要力量。

1. 线下主流人群聚集场景

以线下的写字楼为例，企业最常见的推广方式就是在电梯里打广告。电梯普遍存在一二线城市主流工作路径上，而且是必须经过的，同时客观形成了一个封闭的低干扰环境，就成为进行高效传播的重要场所。这种电梯内的高频广告，让用户在一个低干扰的环境反复接收品牌传达给他们的信息，进而有效占领用户心智。

只有这样，企业才能将品牌清晰的定位植入主流人群的大脑，然后形成质的变化，最后达到消费转化。

2. 线上主流人群聚集场景

线上的主流人群一般聚集在以微信、微博为代表的新媒体上。因为连接主流人群的产品和服务的分散性，所以，要实现对主流人群心智的影响，品牌就需要进行多方位的在各主流人群中进行产品的品牌传播联动。需要注意的是，这种联动不是简单的流量整合集中，更不是普通的多平台同步的信息推送，而是要实现多个产品和服务的分层次的精准配合互动。

8.4.2 品牌引爆的主流路径

按照引爆品牌从引爆主流人群开始的逻辑，我们可以归纳出三条路径来帮助品牌达到引爆主流人群的最终目的（见图 8–20）。

1. 传统媒体路径

什么样的媒体可以称为垄断性媒体？例如央视，还有湖南、东方、浙江等一线省级卫视。这些电视媒体的黄金时间的广告招商，是实现品牌引

传统媒体路径

特点：直接粗暴，需要资金支持

方式：单点传播，定时定点，形式内容简单

实力：覆盖面广，垄断性强

新媒体路径

特点：有新鲜感，覆盖面广，年轻用户居多，有天花板

方式：多平台联动共振，周密执行，随时互动反馈

实力：用户体验高，传播快，传播成本低

线下主流人群高频生活场景路径

特点：省力有效，稳定性强，空间无限大，需要资金支持

方式：立体传播，反复传播，可与线上互动

实力：直接接触用户，转化率高

图 8–20　引爆品牌的三条路径

爆的最佳渠道。先不计算这些广告到底能为品牌产生多少转化率，单单传统媒体的中心化、垄断性的特点，决定了其拥有引爆主流的天生优势。不过，在这种地方实现引爆，企业没有足够的实力是无法实现的。

脑白金为什么能实现全国性的引爆，让人人都记住“今年过节不收礼，收礼就收脑白金”（见图 8–21），脑白金最初就是在央视大面积地广告推广。当时互联网媒体不发达，央视成为广告媒体的垄断性行业，老百

图 8–21　脑白金广告

姓没有别的娱乐，因而央视的收视率非常高。脑白金选择在央视打广告，把中国近一半的人口都覆盖了。只要有人看电视，就会看到脑白金的广告。看电视的用户与使用互联网的用户不同，互联网用户需要懂得一定的技术操作，但看电视的用户是不用技术操作且不分男女老少。因此，能覆盖更多的用户，品牌引爆也就更加容易。

2. 新媒体路径

随着社交新媒体产品与平台的日益增多，品牌现在可以通过社交新媒体引爆线上主流人群，从而形成病毒式共振式的传播。在满足主流人群生活、工作、娱乐的各个领域，都出现了拥有一定流量集中的社交新媒体，比如微信和微博。品牌只要在这些平台上做好推广宣传工作，就能达到对线上互联网主流人群的传播营销，从而引爆品牌的流行。需要注意的是，在这些新媒体上实现对用户注意力的集中是一件非常艰巨的任务，用户对于社交媒体，新闻客户端的要求很高。因为用户是来看内容的，对于广告有着天生的抵触心理。所以，品牌应做公关内容的植入，制造可以被传播的话题。而要完成这一点，品牌需要完成以下 3 个要求（见图 8-22)。

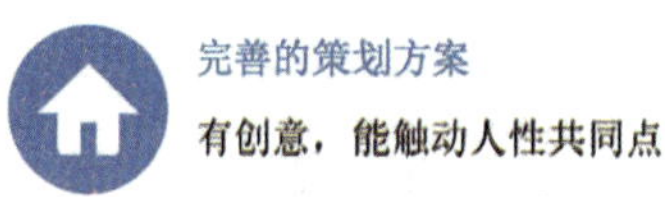

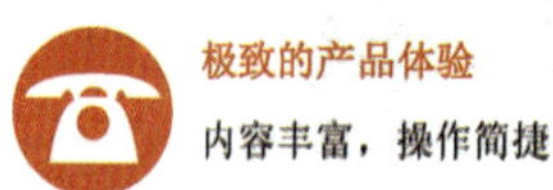

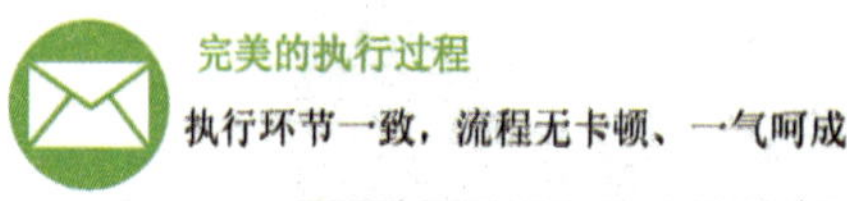

图 8-22　品牌需完成的 3 点要求

虽然主流人群在互联网

扎堆是客观事实，但品牌要真正达到引爆的目的，还需要在文案创意、用户体验、执行一体化方面做到极致，让用户主动选择接收你的信息。

Uber 在 2016 年 5 月 20 日当天，推出“一键传情”的功能，可以召唤一位单身骑士送来一朵玫瑰和一封情书，让单身的人享受到 5·20 的幸福(见图 8–23)。

Uber 的广告很有创意，从人的心理角度出发，引发人群共鸣。单身人士在 5·20 这个日子里，内心情绪波动会比情侣们来得强烈，Uber 对单身人士的特别活动不但能吸引媒体眼球，更能让收到“一键传情”的单身人士对其产生正面观感，从而替 Uber 做口碑宣传。

图 8–23　Uber“一键传情”

3. 线下主流人群高频生活场景路径

寻找到线下主流人群高频出现的场所，然后进行集中式的饱和传播。这些人群的生活、工作、消费的场景，一般都是遍及城市主流人群生活的地方，如住宅小区、工作点的电梯媒体、电梯海报等载体。线下的传播更是通过利用用户每天最日常的生活环境下的一些信息传播空隙，实现植入广告的传播以及有效到达。

8.4.3 引爆主流人群注意事项

在围绕主流人群引爆品牌的过程中，品牌常常会犯下一些致命的错误，一般包括以下三个方面（见图 8–24）。

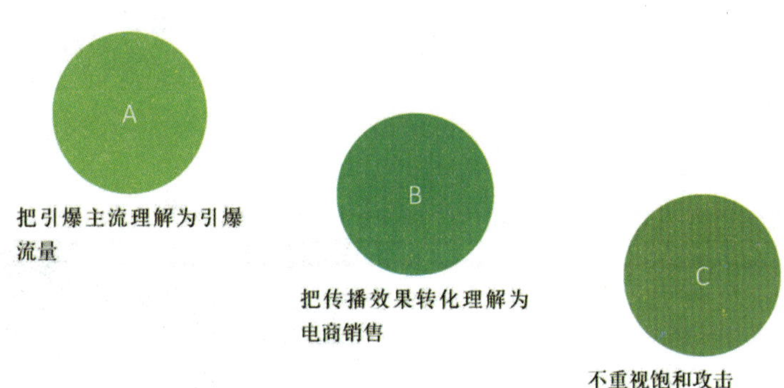

图 8–24　引爆主流人群常犯的三个错误

1. 把引爆主流理解为引爆流量

很多品牌错误地把引爆主流理解为引爆流量，导致品牌引爆了，但转化率却没有。流量经济虽然仍是当下的话题之一，只有一定的转化率才能够实现一定的经济价值。人是传播主流，再大的流量也未必能换取对主流人群的心智影响。因而，品牌一定要准确把握引爆品牌的核心点，引爆品牌绝对不仅是引爆流量。

2. 把传播效果转化理解为电商销售

引爆主流在大部分情况下是针对品牌的传播，是实现产品销售转化的第一步，同时也是能够带动更大销售复合增长的重要杠杆。面对这种情况，很多品牌却把引爆主流的功能简单定义为具体的电商销售转化，导致杠杆价值流失。品牌认知只是获得了眼前利益，而失去了收获更大收益的机会。

3. 不重视饱和攻击

要在线上平台实现品牌引爆，一般要借助社会重大事件或者重大话题，否则很难达到理想的效果。同时，品牌传播的核心信息与用户的阅读取向往往是矛盾的，因而品牌很难在获取高点击和传播品牌价值的平衡。要解决这个问题，品牌就要对用户进行饱和攻击，让用户不断接收到品牌的信息。

2015 年饿了么从校园进军办公楼市场，在知名度、预算与递推能力逊于美团、百度的情况下，饿了么只能把预算集中在分众传媒上（见图 8-25）。在全国一二线城市的楼宇电视、框架广告投了 8 周的广告，准备对用户进行饱和攻击。事实证明，饿了么这种“饿了别叫妈，叫饿了么”的饱和攻击效果非常好，其在应用商店的排名从 100 多位上升到 20 位；白领外卖市场用户从 700 万上升到 3500 万。

图 8-25 饿了么在分众传媒上的广告

8.5 引爆品牌先引爆口碑

口碑传播指的是用户个体之间关于品牌看法的非正式传播。口碑传播的一个重要特性就是可信度高，这个特征是口碑传播的核心，也是开展口碑宣传的一个最佳理由。品牌与其在广告、促销活动中投巨资，借以产生“眼球经济”效应，提高用户的忠诚度，不如通过这种相对简单奏效的“用户告诉用户”的方式来达到目的。

8.5.1 影响口碑传播的四大因素

实现口碑传播，是大多数品牌的梦想，但是这个梦想有些品牌完成了，有些品牌却永远停留在那个“一步之遥”的阶段。那么，导致“一步

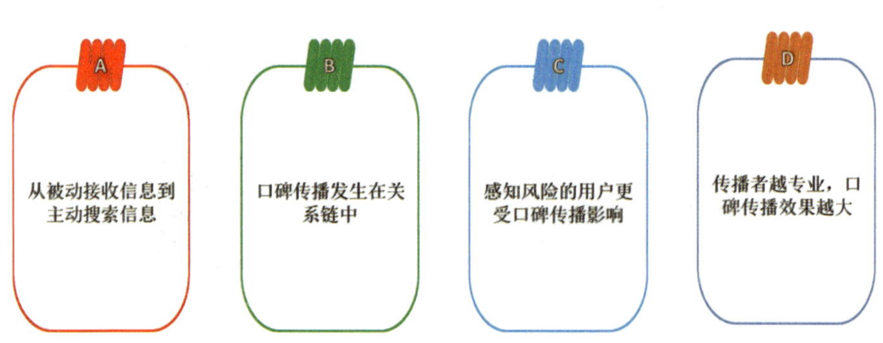

图 8–26　实现口碑营销的 4 个因素

之遥”的原因到底是什么呢？主要原因可归纳为以下 4 个因素。企业只要把握好这 4 个因素，那么通过口碑引爆品牌的梦想就能够得以实现（见图 8–26）。

因素一：从被动接收信息到主动搜索信息

口碑传播的第一个关键因素，就是用户从过去的被动接收信息变为主动搜索信息。品牌通过有目的的设计与努力，口碑信息被用户获得并了解。口碑传播过程中的传播者和接收者都处于主动的状态，接收者通过传播者询问信息而向其发起有关产品、服务的对话。尤其是在品牌主打服务时，因为服务是无形的，加大了用户的选择风险，因而激发了口碑的主动搜寻。接收者寻找口碑的行为是口碑传播过程中一个重要的因素。口碑搜寻结果的好坏，直接影响了用户最后的购买或使用决定。比如说雕爷牛腩，它虽然是一个餐饮品牌，但让其声名大噪的并不是菜品，而是服务。它的服务是实现口碑引爆的根本原因，而让其实现口碑引爆的就是用户对口碑的主动搜寻。

雕爷牛腩主打用餐环境的精致，大到用餐环境，小到锅碗瓢盆，都体现了精致服务的精髓，其服务根本就不用多说。因此，用户在主动搜索附近有什么好吃的餐饮店时，雕爷牛腩往往名列前茅。

因素二：口碑传播发生在关系链中

口碑传播是发生在一个特定的关系中，不管这个关系是短暂、持久还是浅薄、根深蒂固的。所有的口碑传播必然发生在一定的社会关系中。人与人的关系是一种基于口碑传播的影响力，这种影响力代表为关系强度结构。因此，关系强度成为口碑传播的一个最重要的因素之一。这也是前文强调为何品牌要从主流人群中开始引爆的原因。关系越强，口碑营销的影响力就越大，品牌引爆的机会就越大。

微信朋友圈为什么被赋予新一代营销利器？就是因为它的“强关系”的特性。能成为好友的都是用户的至亲好友，是在有一定熟悉度的情况下才会成为好友。每个用户对彼此之间都有了解，知道他是什么人，有什么喜好。因此，对其朋友圈分享的内容就有一定的认可度，在阅读后，感觉与自己的观念差不多，或者基于和对方是朋友的原因将其传播出去。所以，只要一个用户在朋友圈实现了口碑传播，那么，引起口碑引爆的机会就提升了不小。

因素三：感知风险的用户更受口碑传播影响

早期有研究者发现，能够感知风险的人比不能感知风险的人更喜欢主动去搜索信息。服务消费具有较高的风险，因为它是无形、无标准的，有时会在无任何保证的情况下就推出市场。因而，用户在购买服务时，往往具有比购买实体产品时有更高的感知风险能力。同样是服务，感知风险也有高低之分。比如，医疗比餐饮更有可能具备相关联的风险。所以，当口碑活动的频率越高，需要承受的风险就越大。

我们都知道北京、上海的医疗服务是全国最完善的两个地方，人们生了病到北京就医，就会主动搜寻信息，哪家医院的治疗效果好，哪家医院专门治这种病，然后选择口碑最好的医院去就医。

因素四：传播者越专业，口碑传播效果越大

专门知识指的是信息源在多大程度上能够提供正确的信息。专门知识有着极大的劝服作用，因为接收者缺乏主动性，从他的角度来看，口碑信息的传播者被认为占有高水平的专门知识，原因是在学识知识、社会经验处在一个独特的位置上，一般而言，传播者的独特地位促成专门知识。这就是为什么我们喜欢听专家说，相信专家说的话。许多品牌都会找本行业具有独特地位的人来作为传播者，因为他们说出的话更容易让人信服。口碑传播过程中涉及的具有专门知识的传播者越多，就越容易引爆。

8.5.2 从用户心理入手引爆口碑

在互联网品牌迅猛发展的今天，营造一个好的口碑，就可以迅速地在人与人之间展开传播。引爆口碑传播的关键是利用人的显摆与分享特性，所以，从用户的心理需求入手方为上策（见图 8–27）。

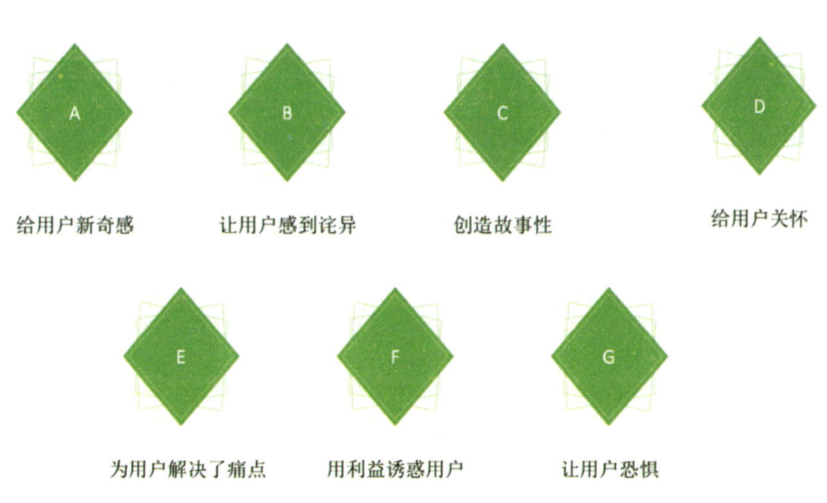

图 8–27 用户七大心理

1. 给用户新奇感

当用户遇到新奇而有趣的事情，总会情不自禁地去关注与分享。因为每个人都想要显得自己知识渊博一些，因而品牌在策划口碑营销时，可以从新奇的角度出发。例如一些新出现的事件，一些新推出的产品。

2. 让用户感到诧异

让用户感到诧异，也就是指品牌给用户带来超出预期的体验，让人们感觉到“原来这么牛，完全没有想到啊”“我又发现新大陆了”等意外之喜。用户在这种情绪的推动下，自然会帮助企业做传播。

3. 创造故事性

一个好的故事，每个人都爱听，听完之后还会很自然地去分享给他人。在口碑传播中制造有趣和易于传播的故事，是一个非常好的策略。因为想引起口碑，必须有足够的话题才行，而故事的本身就是非常好、非常持久的话题。

比如华为手机，2016 年 9 月 12 日，英国《每日邮报》报道称，现年 41 岁的西拉杰·亚伯拉罕斯在南非开普敦的住宅外被两名埋伏蒙面劫匪朝胸膛开了一枪，而亚伯罕斯并没死，口袋里的手机帮他挡了一枪，这款手机就是华为 P8Lite 智能手机。华为方面也确认了此事的真实性。该报道发出后，引起了世界性的讨论，各国媒体纷纷报道，中国媒体更是大力宣传，数次登上微博热搜榜第一名（见图 8-28）。

诺基亚附身：华为手机/平板也能挡子弹

IT之家

手机厂商华为或许也有实力来几次表演秀。昨天下午，华为终端手机产品线总裁何刚为网友分享了一些在国外发生的华为旗下手机、平板挡子弹的故事。第一个…… >>4条相同新闻

手机挡子弹的传说仍然在继续 但这次是华为P8

网易手机

手机挡子弹的消息相信大家已经并非首次听说了，而这样的神奇事件仍然在继续，这次护主的不是以往报道中经常出现的诺基亚手机，而是华为P8 Lite（青春版…… >>4条相同新闻

这些手机挡过子弹救过命,诺基亚和华为各两款

C114中国通信网

2015年9月，危地马拉发生枪战，华为P7挡了子弹，救了自己的主人。这款手机采用金属材质，康宁大猩猩第三代玻璃。诺基亚Lumia 520 手机挡子弹，诺基亚于……

华为手机挡子弹救命 美媒：中国品牌形象在非洲改善

中金在线

他放在外套口袋的一只华为智能手机替他挡住了一枚9毫米口径的子弹，救了他一命。这只坚固的华为P8 Lite手机售价200美元左右，它给了这家中国电信设备巨…… >>17条相同新闻

苹果手机突发自燃：华为可以挡子弹令人不可思议

中国青年网

苹果手机突发自燃：华为可以挡子弹令人不可思议！说起苹果手机，相信许多市民都不觉得意外，从苹果手机4系列到苹果7系列，可以说，在中国拥有了相当比重……

华为手机在非洲帮用户挡子弹新闻引发网友"刷屏"

证券之星

近日，华为手机帮41岁的商事男子亚伯拉罕斯挡子弹的新闻引发网友"刷屏"。美国《福布斯》杂志发表文章说，2016年是智能手机行业的关键时间节点，对于苹…… >>2条相同新闻

新华社：华为手机在非洲"挡子弹"刷屏 背后原因是啥？

图8–28 华为的故事营销

这种充满戏剧性、悬念性的故事用户自然是乐意观看也乐意分享的，经过此次的传播，华为的知名度不仅大大提升，形象口碑更是得到了极大的提高。

4. 给用户关怀

其实用户是很容易被感动的，只要对他们好一点，或者把自己该做的事情做好，用户就会感到满意，并用口碑来回报你。如果给用户一点关怀，让用户感到意外惊喜，用户更乐意帮助品牌进行宣传。

5. 为用户解决了痛点

感恩是人类的优秀品质之一，品牌如果能够有效地帮助用户解决他们的问题，用户自然会用口碑来回报品牌。一些工具类网站就有查手机归属地、查天气、查地理位置的功能。

以百度地图为例，为什么它能成为百度品牌的新代表，就是因为它给用户提供了极为方便的服务。不管是开车导航还是步行导航，都能帮助用户。在导航的过程中不断提醒用户该往哪里走，还剩多少米还是走过头了（见图 8–29）。百度地图为用户提供了帮助，为用户节省了大量的时间与精力，自然受到用户的追捧，用户更是乐意帮助百度地图做口碑传播。

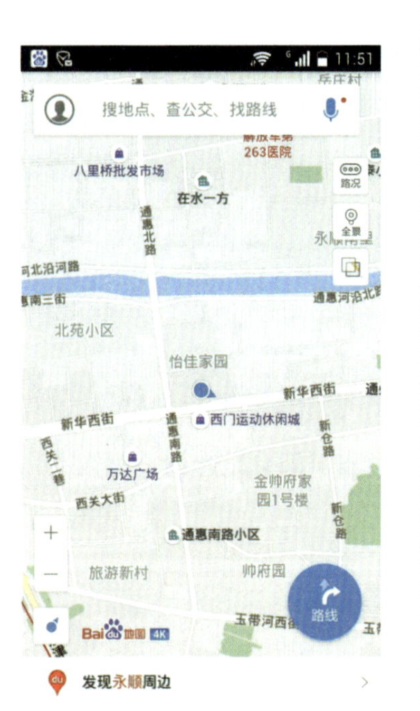

图 8–29　百度地图导航

6. 用利益诱惑用户

用户最关心的就是自己的利益，在消费品牌的过程中是否能得到实惠。因此，品牌要让用户感到受益，感到品牌帮助他们节省了钱包，这样自然就能够得到用户的拥戴。

比如饿了么，它为什么在短短的两年时间内迅速崛起，就是因为它让用户感受到了实实在在的优惠，不但解决了用户用餐难的问题，还让用户享受到了比直接到餐馆就餐更优惠的价格。

7. 让用户恐惧

其实给用户制造恐惧感，也是传播的有效方式之一。让用户在恐惧情绪的引导下，去分享、传播品牌的信息。我们经常可以看到朋友圈看到类似《这么做你就死定了》《办公室白领容易患的毛病》等。

8.5.3 社群，引爆口碑的最佳渠道

对于绝大多数的企业来讲，广告宣传品牌的成本太高，并且在这信息爆炸式增长的时代，花了大代价大广告刚制造出点火花，马上就被海量信息给淹没。因此，品牌的口碑越来越难引爆。而社群的出现，有效解决了品牌口碑引爆难的问题。

什么是社群？所谓社群，就是用移动互联网的方式与用户做高频互动，建立起一种有温度、有情感的用户连接。社群营销到底有哪些优势，让企业趋之若鹜呢？总的来说，可以概括为以下 4 点（见图 8-30）。

低费用

1.是低费用，不是免费
2.比起传统媒体几百万的投资，社群一年预算只需几十万

高效率

以目标人群双向沟通为核心，比单向传播更有效

高精准

社群成员大都有着相同的爱好与兴趣，对品牌和产品的喜好也大多类似

实效久

1.以人际关系、关系圈子、口碑传播为核心
2.可形成二次或三次发酵

图 8-30 社群营销的四大优势

既然社群营销有这么多的优势，那企业该如何利用社群来引爆口碑，从而实现引爆品牌呢？我们通过案例来了解一下，社群的口碑引爆到底该如何做。

2014年底，一家山药企业创立了自己的品牌“买根山药”（见图8-31)。该品牌的主打产品是产自焦作温县核心产区的铁棍山药，该地区是中国最好的山药产地。企业想把该品牌打造成爆款，为了实现这个目标，“买根山药”企业选择从社群开始做口碑营销。那么，它到底是如何通过社群引爆了自己的品牌口碑呢？

图8-31 品牌“买根山药”

第一步，企业为“买根山药”建立了一个名为“上山”的社群，将那些爱健康、爱运动、爱美食的人群吸引到群里。产品上线后，群名称改为“上山药”。山药的特点就是健康、养身、美味，两者的目标人群不谋而合，可以实现高精准营销。

第二步，设置特别的进群机制。社群里设置了副群主与邀请人，只有通过这两个人的两层审核，并交款365元后才能进群。为什么用户愿意花钱进群呢？首先，赋予成员发广告的权利。晚上做推广时，同是商家的群成员可以在群里发送广告。比如做化妆品的商家，可以在群里做广告，但是赠品必须是“买根山药”的产品。其次，抢红包。当群成员500人后，每晚9点，就会开始发500元红包，时间持续一年。当然，在这之前，每晚9点也有抢红包的活动。2016年新年前夕，“上山”的社群成员暴增到466个。

第三步，在社群内发起有趣的话题，不断吸引大批粉丝进驻。社群每天早中晚发布美食与健康类型的话题，强调食药同源的价值观。此时，企业就会向成员介绍山药的相关信息。比如山药的价值、食用方式、“买根山药”的历史由来等（见图8-32）。加强群成员对品牌的认知，提升对品牌的好感度。同时还推出口号“好山药，按根买”，打破了原有的按斤售卖的价值定式。这种新颖的售卖方式，引发了群内成员不小的关注，引发了一系列的话题讨论。

第四步，看准市场，抓住时机。为什么“买根山药”要在春节前夕

图8-32 “买根山药”介绍山药食用方式

推出产品，而不是建群之初，或是等吸引更多的群成员时呢？因为，“买根山药”企业看准了春节市场，中国人过节时都有送礼的习俗，这个期间礼品的需求增加。此时推出产品正好能满足用户的需求。为此，“买根山药”推出了“过年送礼，请买根山药”的活动，吸引送礼人群(见图 8–33)。

图 8–33　“买根山药”推出的“春节送山药”活动

第五步，线上线下同时进行。为了能让自己的品牌一上线就引发口碑效应，一炮打响。“买根山药”采取了线上线下同时进行新品发布。线下举办发布会推出新产品，线上在群里同步推出新产品。这种双管齐下的方式非常有效，上线两小时，1500 公斤的山药就销售一空。

“买根山药”的社群营销非常成功，新品打出口碑后，再通过群成员的口碑传播，越来越多的人认识到“买根山药”这个品牌，产品销量不断增加，群成员的规模也在不断扩大。

我们从“山根山药”看到了社群口碑营销的魅力，企业们如果希望通过引爆口碑再引爆品牌，不妨试试“买根山药”的社群营销方法。

8.6 共振才是引爆品牌的秘密武器

当下，虽然用户能够接触到的传播更加碎片化，甚至是粉尘化，理论上无法形成广域传播的爆点现象。而在现实生活中，也不乏诸多的爆红品牌。对这些爆红品牌进行深度的分析，可以发现它们都拥有了几个基本特性，才能在碎片化传播的今天，形成单点的突破。

8.6.1 与社会热点事件相融

要实现品牌传播的爆红，通过购买媒体渠道的方式，效果不大。因为分散的媒体渠道主体，不仅加大沟通成本，也无法高效完成一个信息内容的传播。最好的方式，就是把品牌信息融到某个社会热点事件中，让分散化的媒体，主动选择关注此事，借他们的力量来实现同步信息传播以及全媒体全渠道的传播。

企业要把以往主动 PUSH 式的传播，演变为社会热点事件，等待全媒

图 8–34　微信大号“新世相”

体的点燃爆发。纵观这些被引爆的品牌，从本质上来说就是利用了这样的一个特点，进行新闻事件的炒作。利用人性的一些基本特质，比如生活压力、贫富差距、爱憎情绪等元素，进行故事化的场景设置，然后借助媒体，进行传播，利用事件本身的“共鸣性”吸引用户的关注转发，最后形成引爆现象。

例如微信大号新世相，这个微信公众号的走红就是因为懂得利用用户的一些共性策划热点事件（见图 8–34)。新世相 2016 年 7 月 8 日策划的一个“4 小时逃离北上广”，前 30 位赶到北上广三地机场的人，会收到一张未知的免费机票，前往 30 个目的地。这场活动当天至少为新世相带来了 116 万阅读，近 11 万涨粉。活动发出 2 小时后，“4 小时逃离北上广”微博话题阅读量达 1322 万。

8.6.2 在全国轰动的娱乐事件中绑架式赌博

因为普通用户对于娱乐事件的普遍集中关注，包括电视真人秀节目，以及同一个事件节点上的热播电视剧等，能够客观上形成万人空巷的“共振效应”，而这样的天生的共振式娱乐化产品可以作为一个传播载体，把品牌需求植入到这个载体中，通过排他性垄断式的植入形式进行营销传播，以达到自己的传播目的。

比如立白洗衣液冠名《我是歌手》，伊利 QQ 星冠名《爸爸去哪儿》，都是采取独家冠名的植入形式，捆绑一线优秀电视台的最优秀节目，实现同一个事件节点与立体场景下的“共振式”传播，最终达到引爆的效果。

以上两种模式都是基本的，实现品牌传播爆点突围的基本套路方法。但是在现实中，却未必可以以一种方式闯天下，而是多种方式的共振传播使用，以达到更大效果的穿透力与深度，最后实现品牌的引爆流行。

C H A P T E R 9

案例解析：看看各行业的品牌打造之道

9.1 手机：OPPO，精准定位下的品牌崛起之路

2016 年一款手机品牌在中国的手机市场迅速崛起，在人们还沉浸在小米、苹果的价格、功能时，这款品牌一下就出现在用户眼前，成为了用户们的手机品牌新选择。这款手机品牌就是 OPPO。

截至 2016 年 6 月，在同年 3 月发布的 OPPO R9 系列手机在短短 3 个月时间内销量就突破了 700 万台，成为名副其实的超人气热销产品，而这只是这款手机的品牌开始。在 IDC 发布的 2016 年第二季度全球手机市场份额调研报告中，OPPO 的出货量同比增长达到了 136.6%，全球第四名，

这样的成绩足以让 OPPO 成为 2016 年手机行业中的一个现象级品牌。那么，OPPO 又是如何做到的呢？

9.1.1 远离机海战术，用心做爆款

随着智能手机的快速发展，互联网手机品牌犹如雨后春笋纷纷冒了出来。有些手机品牌为了获得更多的用户并在短时间内积累品牌知名度，选择“机海战术”，也就是在短时间内推出多款手机，有些甚至一月一换。机海战术虽然为手机品牌获得了不小的市场统治地位与丰厚的利润，但也被不少用户吐槽。但是对这些手机品牌来说，利大于弊，因此机海战术成了手机市场中一种常见的现象。

但是，OPPO 手机并不认同这种模式。这一点从 OPPO 每年发布的新机数量就可看出。旗下的 N 系列、R 系列、Find 系列一年只做一两款（见图 9–1），2016 年 R 系列 OPPO 只发布了 R9 与 R9PLUS，其他系列 2016

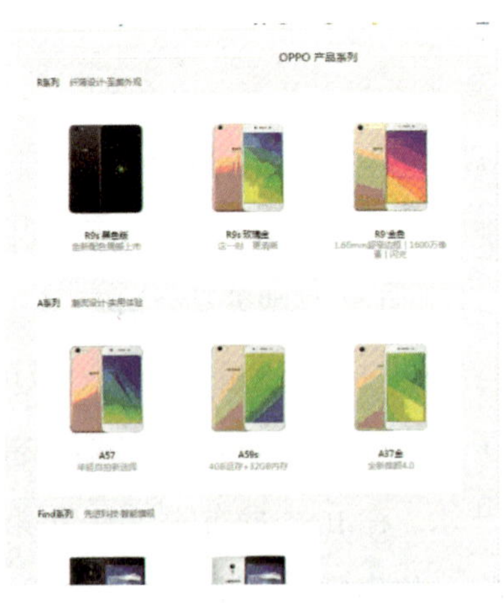

图 9–1　OPPO 手机系列

年都未推出新款。

OPPO 手机认为一个品牌要获得成功，就要遵守“专注做让用户感到惊艳的产品”，这似乎与现下流行的“快速迭代”的互联网思维背道而驰。但规则和思维总是用来打破的，OPPO 的成功就是因为它做到了这一点。

OPPO 一直都秉承着用苛求的态度来打造至美的产品，也就是这种对美的追求、对产品的苛求，才能让 2016 年推出的 R9 手机获得用户的喜爱，乃至惊艳世界。

OPPO R9 系列手机不管是从其精致的外观设计还是 1600 万像素的极致自拍体验（见图 9–2），都是以用户的实际需求为出发点。为了准确地把握用户的需求，OPPO 经年累月地在收集相关数据。

图 9–2　OPPOR9 的 1600 万像素

9.1.2 不远离电商渠道，但深耕线下渠道

美国著名的《福布斯》杂志对 OPPO 进行深入研究后，提出了这么

一句话“远离电商渠道，深耕线下渠道”，同时将OPPO列为苹果在中国的最大竞争对手。OPPO的线下渠道非常强悍，全国20多万家OPPO的线下体验店在给用户带来更极致的体验时，也为OPPO贡献了绝大多数的销量，2016年3月至10月，2000元到3000元价位的手机遥遥领先（见图9-3）。但是，OPPO真的远离电商渠道了吗？并没有，对于线上它一样重视，只是它的线下比其他电商渠道的手机品牌强悍太多，导致外界对它造成了没有线上渠道的误解。

图9-3 OPPO手机销量

OPPO的线上销售一点也不比其他品牌差，2015年的“双十一”，OPPO拿下了天锚手机品牌销售额第五的好成绩，OPPOR7成为2000元至3000元价格区位的销量冠军，2016年的6·18，OPPO在京东和天猫上都获得了不小的销量，且仍然是2000元至3000元价位段的销量冠军。

由此可见，OPPO的线下渠道是它的销售根本与基础，而线上渠道则起到了强势补充的作用，两者相辅相成。

9.1.3 远离饥饿营销，专注粉丝经济

饥饿营销的营销手法这几年被手机品牌广为运用，尤其是小米运用得最为熟练与成功。并不是所有的手机品牌都适合这种方式，因此，OPPO 并没有跟风，而是选择了充分满足用户的需求。即使 2016 年 3 月份 R9 卖了 700 万台，但用户不管是在线上还是在线下还是能够随时买到。

在远离饥饿营销的同时，OPPO 还实行了粉丝经济。通过在各大卫视黄金时段的广告、各大热播综艺节目中的植入以及明星代言和明星定制的形式来扩大品牌知名度，对于这种模式，不管是用户还是明星粉丝都是非常乐于接受的。这种模式给 OPPO 手机带来了更好的销量及口碑，推动 OPPO 手机品牌地位的提升。

9.2 出行：摩拜单车，打造“最后一公里”

2016 年的夏日，这种扫一下二维码就能够打开，骑完随便往哪个自行车停放区域一放就行的“共享自行车”火了。摩拜这个 2016 年的新晋网红，是如何从上海到北京，自零开始，达到全铺开 10 万辆的小目标，不到 10 个月就让摩拜这个品牌深入用户心中，让用户认为它是分享经济的代表呢？

9.2.1 从最容易接受新品牌的用户入手

出行属于高频、刚需的大众需求，摩拜给自己的品牌定位是“帮助每一个人更便捷快速地完成城市短途出行”。摩拜早期的用户多是都市白领与高校大学生。2016 年 5 月 18 日，摩拜单车在复旦大学的邯郸校区正式投放，同时也在核心商圈处邀请一些上班族试用（见图 9–4）。

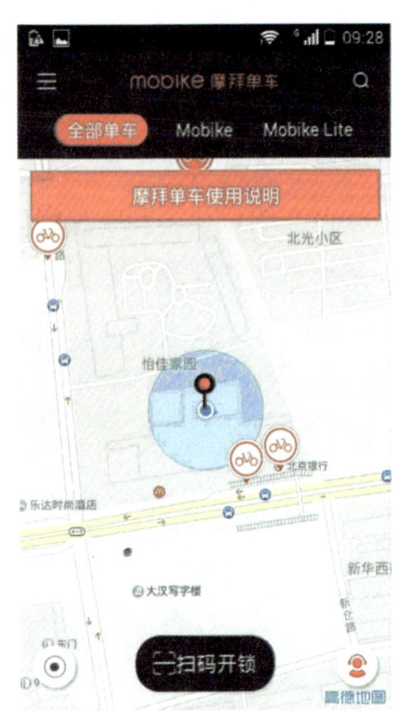

图 9–4　摩拜单车

摩拜单车为什么要选择都市白领与高校大学生作为自己的目标用户呢？原因很简单，这些用户较为容易接受新事物，也喜欢尝试一些新事物。同时，摩拜单车需要通过手机 APP 来完成，中老年人显然对此不是很熟悉。所以，把都市白领和高校大学生作为自己的早期目标用户，有利于摩拜快速打开自己的品牌知名度。

9.2.2 解决用户一公里出行难题

摩拜打造品牌的第二个成功之处，就是为用户解决了最后一公里的出行难题。我们去查公共自行车时可以发现，亏损与苦苦支撑是热度最高的两个词。投入巨资，最后使用率偏低、经济效益低的现状比比皆是。因此，很多地方的公共自行车服务并不理想。对于饱受出行“最后一公里”困扰的城市居民来说，摩拜单车的出现，为他们提供了另一种解决方案。

图 9–5　无需停车桩

9.2.3 创新——抛弃停车桩

摩拜单车之所以能够迅速爆红，是因为它敢于创新的精神。抛弃停车桩就是它最大也是最颠覆的创新（见图 9–5）。与普通的公共自行车不同，它不用办卡，没有车桩，只需要扫描二维码就可以开锁，在 APP 上就能够找车。

用户可以把车停在任何一个合法非机动车停车点。而这一点，恰恰是公共自行车服务的最大缺陷。一般的公共自行车的停车点都是在小区门口，是定点停放，且需要通过办卡才能使用，而且有些停车点往往距离目的地有一段距离，用户停车后，还需要走上一大段路。摩拜单车则是无论哪个地方都可以停，即使是在某个商店门口。

9.2.4 特色的形象设计实现差异化

摩拜的主要服务是找车、预约、还车以及围绕此展开的延伸功能，因此，其特色功能就是实现品牌差异化的手段。摩拜单车的特色功能包括：一是 GPS 定位，每台手机上都具备了这个功能，因此很容易就能帮助用户

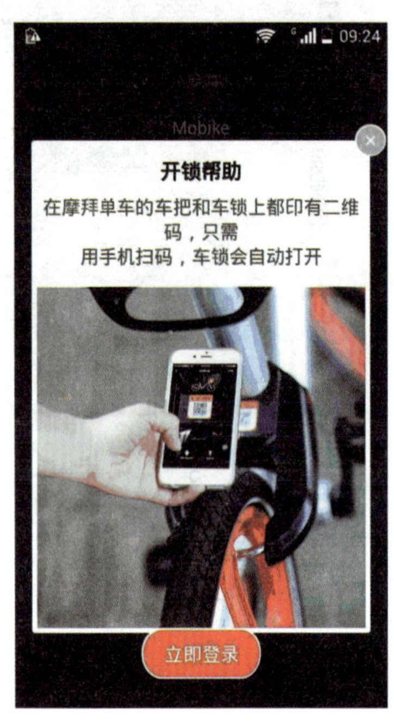

图 9-6　摩拜单车智能锁

找到单车；二是可以提前 15 分钟预约，节省用户时间；三是智能锁，自动开锁，无需担心锁件会丢失（见图 9-6）；四是实心胎+轴传动+铝合金车架，可以有效保证用户的安全。

摩拜的品牌打造无疑是成功的，否则不会从众多单车品牌中脱颖而出，并成功获得来自腾讯、红杉资本、创新工场、熊猫资本等数十家资本的青睐，获取 10.6 亿人民币的投资。资本的青睐，无疑就是对摩拜品牌打造成功的一种最大的认可。

9.3 音乐：网易云，注重个性化的文艺君

2013 年 4 月，网易云音乐正式上线（见图 9-7），上线两年就实现了用户过亿，截至 2016 年 6 月，用户已达到 2 亿。而酷狗用了 6 年时间，用户量才突破 7500 万，天天用了 4 年突破 7000 万，由此可见，网易云的实力确实不容小觑。

图 9–7 网易云音乐

为什么网易云音乐能获得如此骄人的成绩？原因就是网易云音乐不同于其他音乐产品的品牌打造之道。现在我们就来看看它是如何打造专属于自己的音乐播放器品牌的。

9.3.1 产品架构的个性化、多维度

网易云音乐与其他音乐品牌的不同之处，首先就体现在产品架构上，其主要体现在以下几个方面（见图 9–8）：

9.3.2 追求极致的界面设计体验

现在，我们就来看看网易云音乐的界面设计有什么特色？首先，整个 APP 的默认主体颜色是黑红色，搭配 IOS 系统的毛玻璃效果，让整个 APP

发现音乐：全面满足用户需求

- 个性推荐：基于私人FM、每日歌曲推荐、推荐歌单、最新音乐、推荐MV、主播电台等给用户提供多样化、个性化的音乐
- 歌单：基于语种、风格、场景、情感、主题等不同维度划分的歌单，让用户根据自己需要选择歌单
- 主播电台：基于明星、音乐人、DJ、主播、用户的平台，每个用户都有自己偏好的歌手与主播

我的音乐：音乐管理、方便快捷

- 下载音乐管理：基于歌曲、歌手、专辑划分纬度对音乐进行管理，譬如把张杰的歌都放在张杰的歌单上
- 播放历史：基于歌曲/歌单/专辑/电台划分纬度对音乐进行管理
- 我关注的歌手：我关注的歌手和系统猜你感兴趣的歌手
- 我创建的歌单：按照自己的喜好创建歌单，如我喜欢的、英语歌单、粤语歌单
- 我收藏的歌单：把自己喜欢的、系统提供的歌单收藏起来

朋友：基于朋友的社交分享功能

- 提供对歌曲、歌单、专辑、电台的点赞、评论、转发
- 可以关注基于通讯录的朋友、微博的朋友、明星、音乐达人、还可关注基于LBS附近的人

图 9–8　网易云音乐的产品架构

都充满了文艺感（见图 9–9）；其次，网易云音乐的黑胶片设计（见图 9–10），给人以复古感，配合毛玻璃效果，显得古典又潮流，这种搭配，显然深深抓住了文艺范青年的心；最后，社交是云音乐的一大特色，云音乐将分享按钮与评论按钮都放到了当前界面的一级入口，这是为了让用户能够迅速分享沟通。

9.3.3 符合文艺青年喜好的个性化推荐

网易云音乐个性化推荐设计的成功，主要表现在以下几个方面：

发现音乐下有四个平行的标签功能，分别是个性化推荐、歌单、主播电台、排行榜。把个性化推荐放在首页入口的首位，从此处可以看出个性

图 9–9　网易云音乐的黑红界面

图 9–10　网易云音乐的黑胶设计

化推荐在产品中的重要性与特色，与其他音乐 APP 采用的乐库+播放器模式相比，这属于网易云音乐的一次个性化创新，摆脱了已有音乐 APP 的固定模式。

同时，在个性化推荐处，还有三个主标签，分别是私人 FM、每日歌曲推荐、云音乐新榜。在私人 FM 中，会根据用户平时听歌的喜好、喜爱的歌曲、收藏的歌曲，给用户推荐最符合其口味与品味的歌曲。用户操作得越多，推荐的歌曲就越符合用户的喜好。

在歌单入口，网易云音乐按照语种、风格、场景、情感、主题进行了分类，每个分类下还有若干子分类。之所以如此细分，是因为网易云音乐

图 9–11 歌单分类

想要充分满足用户（见图 9–11）。

在入口最醒目的地方，有一个主播电台，网易云音乐对主播类型进行了特别细致的分类，设置了三个默认活动页分类，这样的分类是为了兼顾没有特别爱好的用户。

9.4 母婴：蜜芽，逆势融资并不是运气

2016 年，母婴行业一款品牌爆红，这家成立不到 3 年的品牌，在

2016 年达到了一个新的高峰，它就是蜜芽。蜜芽成立以来，不仅业绩斐然，而且一直在缔造行业的奇迹。2016 年中国母婴用户网络零售市场交易规模达到 3020 亿元，同比增长 37.6%。蜜芽是估值最高的母婴品牌之一，在进入 2016 年后，蜜芽更是达到了一个巅峰，占据了大部分的母婴市场份额。在 2016 年的纸尿裤疯抢节、六一免费日等重大销售节日，表现都非常出色。

面对竞争激烈的母婴市场，新的品牌层出不穷，旧的品牌壁垒坚固，蜜芽是如何脱颖而出，让自己的品牌抢先进入用户的心智呢？它的品牌打造之道又是如何呢？

9.4.1 供应链服务建设是品牌的根本

母婴电商实际上还是零售，无论需要经历怎样的疯狂竞争，市场都需要回归理性。如何把控商品的质量源头、精选产品品类以及品牌？如何降低采购成本，流通成本，合理分配各方面资源？都需要在提升核心竞争力的前提上，为用户提供满意的高性价比商品和服务。

蜜芽在品牌成立之初就把自己定义为一个零售商，其次才是电商。供应链是零售业的命门，蜜芽的供应链很短，可以直接对接各大品牌方。2015 年，蜜芽实现了包括达能、美赞臣、雀巢等六大奶粉巨头及好奇、帮宝适、尤妮佳、大王纸尿裤等热销品牌的直接合作，把多余的环节砍掉（见图 9-12），流转成本没有其他品牌高。因此，蜜芽无需害怕其他品牌引发的价格战，蜜芽认为，一个零售业品牌真正的核心竞争力就是供应链。

图 9–12 蜜芽合作的部分品牌

在流通上，蜜芽采用自采自营模式，率先开展跨境业务，通过该模式，把进口产品的流通期从 2 年缩短为 14 天，从而让供应链的循环效率得到进一步提升。

9.4.2 丰富产品，扩充品牌内容

母婴电商所服务的妈妈人群是中国目前最主力的消费人群，也是家庭最主要的商品采购者。母婴电商围绕妈妈人群的需求，通过精选商品与精选推荐，抓住这类人群的消费心理与购买特征，依靠互联网实现精准购物入口的升级。

针对这一点，蜜芽不断地丰富自身的产品，扩充品牌内容。细心的用户可以发现，其销售的非母婴产品正在不断增多（见图 9–13）。这并不是

图 9–13　蜜芽的新产品线

蜜芽偏离自己的品牌核心定位，而是它正在从垂直服务人群母婴向家庭的需求点入手，为妈妈群体打造一个中产阶级家庭消费平台。蜜芽从占领宝宝房间开始，然后不断占领他们的客厅、厨房。

9.4.3 打造生态圈，线上线下齐发展

从 2015 年开始，蜜芽一直在巩固品牌领先地位的基础上寻找突破点。2016 年 2 月，携手高端妇儿医疗集团美中宜和以及中国最大亲子游乐集团悠游堂布局母婴亲子生态圈。之后，又与医疗界最权威的专家崔玉涛完善育儿专业内容部分，并打造育儿综艺节目。同时还与金鹰卡通、中央电视台打造了两场六一儿童节目晚会。

由此可以看出，蜜芽正通过不断深化自己的生态战术，加快母婴上

下游及衍生产业链的布局速度，从而让品牌认知与变现能力实现了爆发式突破。

9.4.4 挖掘网红，进行内容营销

通过内容营销，降低获客成本、提升用户黏性以及转化率。通过打造妈妈红人、医生红人等方式，利用自媒体、直播、社群等渠道挖掘网红经济。通过网络红人的影响力把高性价比的产品、科学的育儿理念等价值内容传播给用户，最后达到内容变现的目的。

从 2016 年 7 月开始，蜜芽作为首家试水母婴网红直播的母婴平台，开启了“内容×电商”的模式。牵手崔玉涛，打造首档育儿综艺节目《崔神驾到》（见图 9–14），同时引进百名专业医师打造《专家来了》的直播节目，蜜芽开启“内容为王”的品牌打造之道。

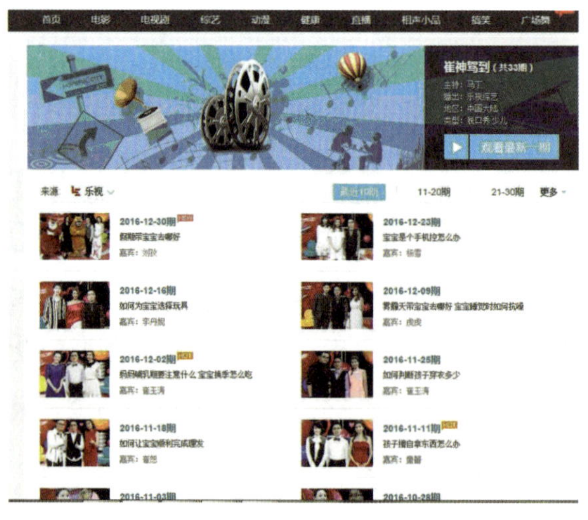

图 9–14 《崔神驾到》

9.5 视频：哔哩哔哩，二次元世界里有好多人

有一个视频品牌在二次元用户中非常火，这款软件就是被人昵称为“B 站”的哔哩哔哩视频网站。这款视频网站品牌最大的特色就是二次元、弹幕，现在我们就来看看它是如何打造二次元文化和弹幕文化，从而获得这么多用户喜爱的。

9.5.1 品牌的战略层

哔哩哔哩的品牌特色打造首先是从战略层入手，主要分为两个部分：一是品牌目标的设计；二是用户需求的切入。

1. 品牌目标

B 站的核心用户是喜爱 ACG 文化以及吐槽文化的 90 后与 00 后，因此 B 站的品牌特色就是独特的弹幕文化，是一个二次元文化的分享社区（见图 9–15）。

图 9–15 哔哩哔哩

B 站的产品架构是 UP 主发布内

容后，吸引粉丝进行浏览，最后形成一个圈子。当 UP 主发布的内容吸引同为 UP 主的创造欲望之后就会形成创造层面的圈子，甚至会形成一种流行于网络的文化现象，很多网络上的搞笑视频都是由 B 站创作出来的。这种大批 UP 主共同创造的氛围可以让 B 站产生极大的凝聚力。而作为平台的 B 站本身是不提供内容上传的，资源都是由 UP 主原创或是引进其他网站的链接。

因此，B 站需要做的工作有三个方面：一是对站内氛围进行维护和打造（见图 9–16）；二是保护 UP 主的权益；三是吸引大量相同兴趣爱好的 UP 主入驻 B 站。

图 9–16　发起话题维持气氛

2. 用户需求

每个人都有社交的需求，这需要通过某种纽带把具有相同爱好、相同价值观、相同生活方式的人聚集起来。B 站有别于其他视频网站的地方就是在满足了二次元文化群体对于 ACG 内容的需求外，形成了一个该类人群交流的社群，即满足马斯洛需求理论第三层需求“情感与归属的需求”。

9.5.2 品牌的范围层

B 站对于品牌设计的第二个方面就是范围层的设计，范围层可以从两个方面进行分析，一是从吸引用户的角度来分析；二是从盈利角度来分析。

1. 从用户角度分析

第一，与具备特定功能的 APP 相比，B 站作为一个以 UP 主创造以及播放外部链接视频的网站本身其实不需要哪种特定功能，它只需要做好为海量用户提供明确的内容分类管理框架，帮助 UP 主找到适合自己的分类区块即可（见图 9–17）。

图 9–17 哔哩哔哩的分类

第二，前文就提过，B 站还

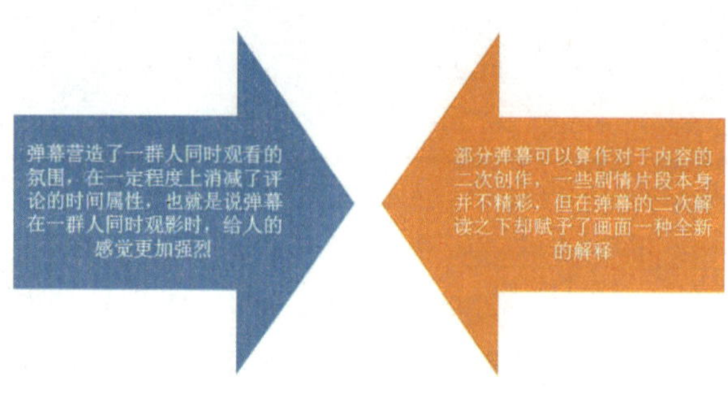

图 9–18　弹幕气氛营造主要体现的方面

需要营造好社区气氛。除了发起一些话题和活动，弹幕起到了极大的作用，其主要体现在两个方面（见图 9–18）。

因而，对于 B 站来说，社区氛围的营造和维护比起特定功能的打造更加重要。对于社区氛围营造的维护主要体现在（见图 9–19）：

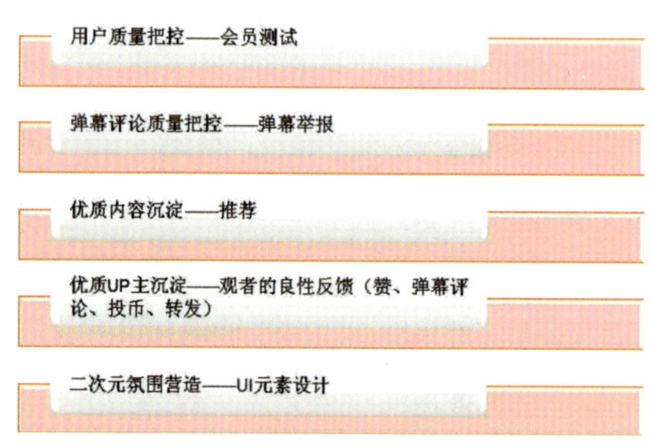

图 9–19　社会氛围的维护内容

2. 从盈利角度分析

如何在实现盈利的情况下保持好社区氛围，这是B站首要解决的问题。没有盈利企业肯定无法发展，如何在不违背社区氛围的前提下，把网站的流量用户导入到不同的盈利口呢？B站做了以下几个方面的尝试（见图9-20）。

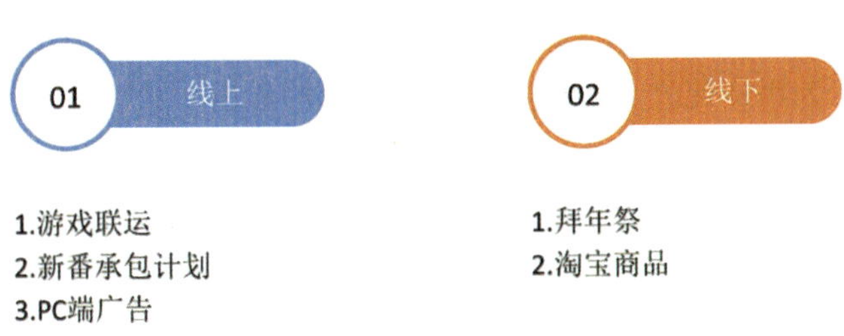

图9-20 哔哩哔哩对盈利方式的尝试

9.5.3 品牌的表现层

与其他视频品牌相比，由于B站的主要工作是氛围的营造，让用户获得归属感。因此，UI的设计就非常重要。B站的UI设计可以从三个角度来理解（见图9-21）。

图 9–21　哔哩哔哩 UI 设计的理解角度

总而言之，B 站之所以能受到用户的欢迎，是因为借助二次元品牌文化的打造，为用户建立了一种表达自我感情的通道，让用户从品牌文化中找到了归属感。

9.6 电商：唯品会，用品牌打造品牌

2016 年 11 月 16 日，唯品会公布了 2016 年第三季度未经审计的财务报告。报告显示，在第三季度，唯品会的净收入超过 120 亿元，同比增长 38.4%；毛利润达到 19.3 亿元，连续 6 个季度盈利，同期增长 36%。按照非美国通用会计准则计算，唯品会第三季度的运营利润比 2015 年同期增长 24.8%至 7.32 亿元，运营利润率为 6.1%，本季度归属于唯品会股东的净利润达到 5.955 亿元，同比增长 31.5%；活跃用户相较于去年同期的 1460

万人增长了43%，达到2080万人；总订单量由去年同期的4480万单增长至6010万单，同比涨幅34%；复购用户数同比增长49%，达到1670万人。

为什么在淘宝、天猫、京东等各大电商巨头的围攻之下，唯品会仍得到这么高的盈利及用户增长率？原因很简单，就是品牌效应。那么，唯品会如何打造出让用户认可的品牌形象？

9.6.1 寻找市场空白，差异化定位品牌

与其他大中型的B2C网站不同，唯品会并不是做传统的网络销售，而是将自己的品牌定位为一家专门做特卖的网站（见图9–22）。品牌特卖网站并不是一个新鲜的概念，在西方国家已经发展得特别成熟。但是，在中国，特卖只停留在商家的个别促销上，专业的特卖场非常少，网站特卖几乎没有。

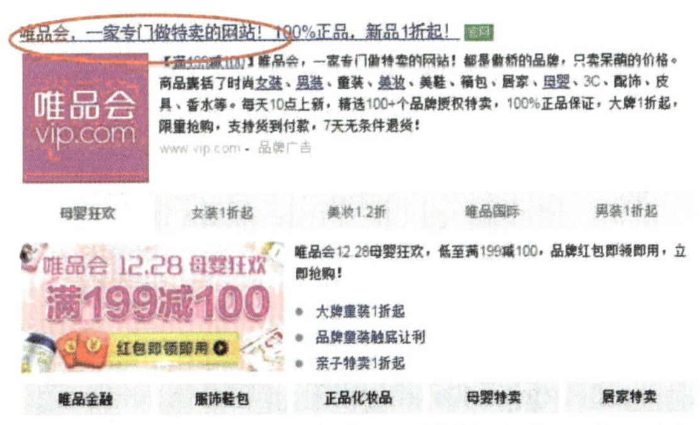

图9–22　唯品会的定位

但是中西方的用户需求都是一样的，就是用“低廉的价格淘到心仪的产品”，甚至中国的用户对这个需求更为迫切。但我国却不像西方市场拥有成熟的平台体系，因此中国的电商市场就出现了空白区域，唯品会正是抓住了这个空白点，将自己定位于专门提供品牌特卖的网站。

9.6.2 与各大品牌合作，解决各大品牌库存问题

唯品会定位于品牌特卖，除了解决中国用户对品牌折扣的需求，同时还为各大品牌商提供了一个体面地处理库存的平台，解决了库存积压资金的问题，同时也保证了自身货源的供给。库存问题是一个非常常态的问题，即使在美国，成熟且发展良好的服装品牌一个季度后，都会有20%的库存，而且产品生产周期长达12—18个月，这意味着库存永远存在。即使品牌商没有库存问题，也需要一个平台来解决这个常态问题(见图9–23)。

图 9–23　唯品会的品牌折扣

9.6.3 保证品质，提高品牌形象

《2016 年中国消费者网络消费洞察报告与网购指南》指出，2016 年用户网购时最关注的因素是品牌、品质、品类、服务及物流。其中，品牌、品质和服务关注点最高，品牌影响了 51.1%网购用户的决策；品质影响了 45.6%的用户购物决策，可见，价格驱动购买已经不是主流的因素，品牌、品质才是。

唯品会恰恰把握住了最高的因素，在《2016 年中国消费者网络消费洞察报告与网购指南》显示，唯品会在品质方面的排名位列前茅，成为电商这一阵营中最被用户认可的购物平台，认可度达到 40.8%。这个数据足见唯品会在品质上下的功夫，这里从四个方面来说（见图 9–24），因而它在用户心智留下了品质第一的品牌形象。

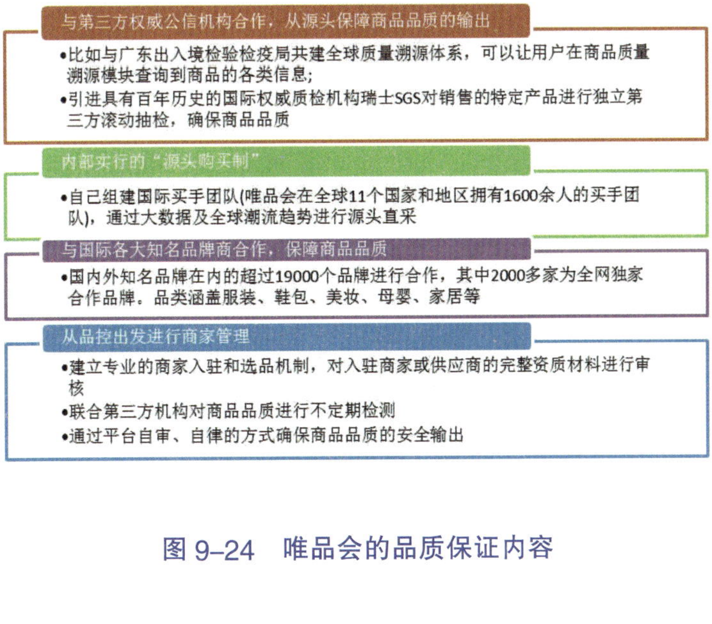

与第三方权威公信机构合作，从源头保障商品品质的输出

- 比如与广东出入境检验检疫局共建全球质量溯源体系，可以让用户在商品质量溯源模块查询到商品的各类信息；
- 引进具有百年历史的国际权威质检机构瑞士SGS对销售的特定产品进行独立第三方滚动抽检，确保商品品质

内部实行的“源头购买制”

- 自己组建国际买手团队(唯品会在全球11个国家和地区拥有1600余人的买手团队)，通过大数据及全球潮流趋势进行源头直采

与国际各大知名品牌商合作，保障商品品质

- 国内外知名品牌在内的超过19000个品牌进行合作，其中2000多家为全网独家合作品牌。品类涵盖服装、鞋包、美妆、母婴、家居等

从品控出发进行商家管理

- 建立专业的商家入驻和选品机制，对入驻商家或供应商的完整资质材料进行审核
- 联合第三方机构对商品品质进行不定期检测
- 通过平台自审、自律的方式确保商品品质的安全输出

图 9–24 唯品会的品质保证内容

观上所述，我们可以发现唯品会所有品牌形象打造方式，都是围绕“品牌”进行的，唯品会用千千万万个品牌打造了自己这个受用户认可的品牌。

9.7 社交：探探，年轻人的交友新宠

2016 年 5 月，陌生人社交软件探探完成了 3200 万美元的 C 轮融资；7

图 9–25　探探

月，又获 B 轮 1300 万美元融资，引起业内的一片热议。探探于 2014 年 9 月上线，对标美国同类产品 Tinder，以“看脸社交”为自己的品牌核心定位，用户通过左右滑动其他用户的照片来标记自己喜欢或者不喜欢，双方互相标记则为喜欢，然后就可进行社交（见图 9–25）。

探探上线才一年多，已获得不少用户的支持，甚至有超越陌陌之势，是年轻人心目中的新社交神器。那么，探探是如何在这么短的时间内获得了资本青睐，完成了多轮融资，并让自己的品牌形象成功进入用户心智，成为新一代社交神器的呢？

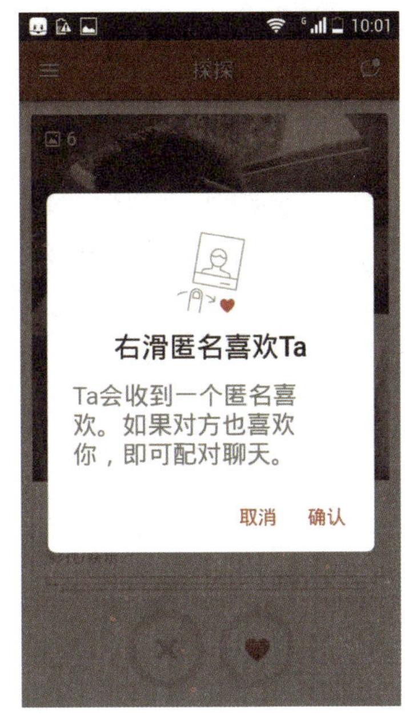

图 9–26 探探的交友机制

9.7.1 用功能抓住用户

相比于其他社交软件，探探在社交的理念上更加认真，也会更为安全。探探的核心机制是“互相喜欢才能聊天”，这个机制，一方面让用户避免了自己被不喜欢的人打扰，另一方面也为用户制造了“一见钟情”的浪漫，深受女性用户的喜爱（见图 9–26）。

探探的标签、兴趣配对能够精准地配对两个趣味相投的人。在“一见钟情”的前提下又多了趣味相投的事实，再加上别出心裁的“真心话问答”，可以让用户更进一步地相互了解，而且探探只做“有效推送”，因此，更受用户的认可。

与此同时，探探独特的规则避免了用户们的社交尴尬。一对一的模式有着社交场合特有的神秘感与温馨感，在不被打扰的情况下，配对的专一性更容易让对方获得进展。

9.7.2 以女性视角关注产品

不管是当下的社会男女比例，还是从性别心理差异化方面看，男性向来是陌生社交产品的主力。这导致了大多数社交品牌以男性用户需求来设计自己的产品，从而忽略了女性用户的需求，但是探探不同，它在产品设计上尤其重视女性的心理感受与用户体验。可以从以下几个方面体现出来。

首先，从品牌名字、LOGO 设计、色调的使用到宣传推广都偏向女性化，包括产品的口吻都偏向女性交流的风格。

其次，在玩法上给女性更安全舒适的环境。例如给女性更多的自由选择权，如果选择一方不经女性用户同意，那么两个人将在平台上再无交集，避免了骚扰情况。

再次，探探的算法机制更符合女性心理。可以看到有多少人喜欢自己，但看不到对方是谁，满足女性喜欢“小惊喜”的心理。

9.7.3 基于算法的“颜值社交”

虽然并不是每一个人的社交都看颜值，但为了满足更多用户的需求，探探开发了一套基于算法的“颜值社交”，也就是为每个用户建立一套算法作为推荐参考。探探会根据十几项指标，比如兴趣爱好、职业、年龄、家乡等来猜测用户相对喜欢的类型。用户使用产品越久，根据算法进行的推荐就越精准。如果从用户的指标中算出用户对颜值、身材有一定要求，探探就会给这类用户推荐高颜值的选择对象；如果用户比较注重知识、学历和职业就给这类用户推荐高学历的选择对象。